JN317237

中尾 祐子

hi-b.a.（高校生聖書伝道協会） 監修

いのちのことば社

装丁＝吉田 葉子
本文イラスト＝宋 真有子

はじめに

hi-b.a. 代表役員　中台孝雄

高校生世代に特化した宣教の働きを日本で六十五年近く進めている高校生聖書伝道協会（通称・hi-b.a.）と、その働きに従事している伝道者たち（ふだんはスタッフと呼ばれています）に関して、よくもたれる誤解が二つあります。

第一は、hi-b.a. とそのスタッフたちは高校生伝道に関して何でもできるだろう、という誤解です。「hi-b.a. では苦もなく大勢の高校生を集め、伝道し、信仰の決断をさせ、将来有望な若きクリスチャンを生み出しているだろう。その hi-b.a. にお願いしさえすれば（自分たちの地域に来てもらって活動してもらえさえすれば）高校生伝道に関しては安心だ」と思われることがよくありますが、残念ながらそうではありません。

活動がスタートした第二次世界大戦後の時代はともかく、今の時代、高校生を集めるのは hi-b.a. にとっても大変なことです。定期的な活動に継続的に参加させ続けることも、決して楽ではありません。たとえ集められたとしても、地域教会とは違って、高校生たちは数年経てば卒業していきますから、毎年のように、次世代に一から働きかけし直さなければなりません。

第二は、高校生への伝道を続けているのだから、音楽やスポーツや食べ物を中心とした派手なイベントを繰り返し実施しているのだろう、という誤解です。確かに、そのようなイベントを企画して実行する面もありますが、hi-b.a. の活動の中心は、決して大人数が集まるわけではない、地道な定期集会活動です。そこで行われることは、賛美し、聖書を学び、聖句を覚え、一週間のそれぞれの経験や悩みを分かち合い、祈り合うといった基本的事柄です。そうした活動を毎週、毎月、毎年続けています。

その hi-b.a. が、高校生伝道に関する本を今回出版することにしました。ライターの中尾祐子さんが、スタッフや卒業生たちへのインタビューを重ねて、一冊の本として仕上げてくださいました。そのご労に感謝します。

読んでいただければすぐおわかりになりますが、高校生集めの「魔法の杖」が紹介されているわけではありません。高校生伝道に関する知識や情報が豊富に記されてはいますが、いわゆる人を集めてイベントを行い続け、高校生を引き止め続けるためのノウハウといったこととは違います。けれども長年にわたり、地道に苦労しつつ、模索しつつ、高校生世代への伝道と信仰訓練とに取り組んできたスタッフたちにより、高校生世代への伝道を願い、取り組もうとする方々にとって必須の情報、課題、高校生たちとの接し方等が、「居場所」という言葉を鍵として語られています。これが、高校生伝道の分野で諸教会に貢献することを願い、事実、諸教会によって信頼され、支えられ続けてきたhi-b.a.が、大切にしていることです。

本書は、魔法の杖ではありませんが、高校生世代に福音を届けたいと願っている方々と諸教会に、基本的な情報と知恵、そして実際的な取り組み方とを提供することができるでしょう。それだけではなく、中高生世代の子どもをお持ちの保護者の方々にもぜひ読んでいただければと願っています。

最後に、本書では「子どもたち」といった表現がよく出てきます。高校生世代は子どもか、と多少違和感を感じる方がおられるかもしれません（私も多少は感じましたが）。高校野球の監督がよく試合後のインタビューで「子どもたちはよくやってくれました」と語る時のように、当事者であるからこそ口にすることのできる愛情の表れとして、寛容に受けとめていただければ幸いです。

目　次

Ⅰ　高校生ってどんな人？

高校生に必要なもの――いつも福音がある居場所

◆深まる孤独

現代の高校生は孤独の中に置かれています。一見、多くの友人に囲まれているように見えますが、ほんとうは心を許していないように思います。私たちが高校生たちに関わってきた中で感じていることは、この十年間ほどで高校生たちの孤独感はますます強まってきている、いうことです。

現代はFacebookやＬＩＮＥなどソーシャルネットワークサービス（以下、ＳＮＳ）が盛んになり、人との距離が近くなったように見えます。しかし、ＳＮＳは現実の交わりではありません。ＳＮＳで親睦を深めるのは難しいことであり、やはり顔と顔を合わせないと人間同士、ほんとうの交わりはできないと感じます。

以前、世界宣教ツアーに参加して各地を回ったとき、貧しい国にたくさんのストリートチルドレンがいるのを見ました。彼らを取り巻く貧困はとても厳しいものがありますが、しかし子どもたちはいきいきとしていました。それはおそらく、同じ境遇の仲間がたくさんいて、痛みや苦しみを共有しているからではないかと思います。

一方、日本の高校生たちは、学校や受験など共有する事柄はあっても、自分の心を打ち明けるような交流がなく、孤独が深まる一方なのだと思わされます。

いつも輪の中心にいて、たくさんの友人に囲まれている高校生がいました。楽しそうに見えましたが、個人的に話をしてみると、ほんとうの友だちがだれなのかわからない、と言うのです。このような子が、じつは大勢います。

私が子どものころのことを考えると、「みんなで野球をしよう」「海にいっしょに行こう」と連れ立って遊ぶことがありました。しかし現代は、遊びでもひとりで行うものが多いようです。ゲームにしろスマートフォンにしろ、ひとりで完結できます。

高校生たちの中には、その場その場で自分のキャラクターを作っている子もいます。たとえば部活のときは部活の顔、オタクな感じで話したいときはオタクの顔で、というようにです。

自分を使い分けていて器用なようですが、演じ続けることに疲れていく場合もあります。このようなことを繰り返すうちに、ほんとうの自分がどんな人物なのか、自分でもわからなくなり、またほんとうの自分を知ってくれる、真の友人がだれなのかわからなくなってしまうのだと思います。

◆取り巻く環境

高校生たちにとって、学校という場所は友だちのいる特別なところです。しかし、そこで居場所を失くした子に「学校くらいがんばって行きなさい」と言うことは、その子を追い込むことになります。原因がある場合もありますが、最近のいじめの特徴としては、理由もわからず、いきなり始まったりすることです。

ある女の子は、友人といるときには絶対にひとりでトイレに行かないと言います。ひとりでトイレに行くと、自分が席を外している間に悪口を言われる、だから悪口を言われないように全員で行くのだそうです。

互いに信頼関係がないので本音は言えません。ＬＩＮＥやネット上で何を言われているかわからない、絶えず不安でネットをチェックする、これが彼らの日常です。

そんな高校生たちを大人が励ましたくなるのもわかりますが、適切な対応がないまま、ただ学校に行き続けることが危険なケースもあると思います。陰湿で暴力的ないじめは高校でもあるのです。休むな、と言われて学校に行き続け、自殺したり病気になったりする場合も少なくありません。大人たちは、「なさけない」「だらしない」「なぜ学校くらい行けないんだ」と言わずに時間をかけ、原因を探すことをしたいと思います。

また、キリスト教主義の学校に通っているから問題はないだろう、とは一概に言えません。どのような学校に通っていても悩みがあります。

ミッションスクールの場合、みんながひととおり聖書の知識をもっているからゆえの苦労があります。たとえば委員会活動の中で、「クリスチャンなんだからやって」と言われることがあります。また、かえってキリスト教主義でない学校の生徒のほうが、キリスト教に理解があったり、聖書の話をしやすいケースもあります。

◆家庭の問題

家庭環境は子どもの生き方にとても大きな影響を与えます。家庭内の虐待は多かれ少なかれ昔からあったと思われます。そして、いまも増え続けています。hi-b.a. に来る高校生の中には、集会が終わっても家に戻りたくないという子もいます。

じつは、クリスチャンホームでも虐待があります。しつけと称して、殴る蹴るの暴力を子どもや配偶者にふるうクリスチャンの親がいるのです。殴らなくても、暗闇や狭いところに閉じ込め、絶対に動くなと命じたりする人もいます。代々クリスチャンの家系で、そして代々暴力がふるわれてきた家庭もあります。しつけているつもりが虐待になっていることに親が気がついていない、恐ろしいことです。また、忙しいといって食事を作らない、久しぶりに作ってくれたと思ったら、お菓子を「ご飯だよ」と言って出す親もいます。これは、子どもにきちんと食事を与えない、ネグレクトの部類の虐待になります。子どもたちはどんな思いで、その「クリスチャンホーム」と呼ばれる場所にいるのかと思うと、胸が痛みます。

虐待は一見わかりません。どうすれば虐待に気がつけるかは、Ⅱ章でお伝えします(「大人はどう接すればいいのか」参照)。

また、一般社会でも、そして残念なことにクリスチャンホームでも、浮気や離婚が増えています。子どもは親のことをよく見ています。夫婦間の問題に気づいている子も多くいます。

知らないようでいて教会の問題も知っています。親のこと、教会のことを心配して真剣に祈っている子もいます。子どもは何も知らないはず、と思っているのは大人だけなのかもしれません。

家庭に問題のある子どもたちは傷ついており、それが人間関係に支障をきたします。他人が話していると、自分の悪口を言われているように思えてしまう、という子がいます。「みんなが自分の悪口を言っている」というので調べてみると、「ちゃんとやって」とか「遅いよ」という、ちょっとした言葉でも悪口に聞こえてしまっていたようです。暴言を吐くことも多い子なので、詳しくその子の話を聞いていくと、家で虐待を受けていることがわかりました。

また、ケンカばかりしていた子がキャンプに参加し、その後、教会に通い始めました。その子は「教会に行くようになって、ケンカとか、これまでしてきたことが悪いことだとわかった」と教会で言ったそうです。その子の両親は夫婦間に問題がありました。

家庭、学校にも居場所がないと、その子にはどこにも落ち着ける場所がありません。一見楽しそうに見えても、じつは生きているのがやっと、という子もいます。たとえ教会に通っていても、「若いからひまでしょ」などと言われて、いろいろなことを頼まれてしまうと、教会すら安心できなくなります。

親からは「お前なんか必要ない」と言われたり、そうした扱いを受けたり、学校では「死ね」「消えろ」と言われて過ごすうちに、「自分は罰を受けるべき人間だ」という偽の情報がインプットされ、本来の「神が愛してくださる自分」の価値が見いだせなくなります。

そうした子の中には、リストカットに走ってしまう子もいます。「なぜ手首を切るの？」と聞くと、「落ち着くから」という返事がかえってきたことがありました。

家、学校、教会以外の社会という枠も、高校生たちにとって健全なものばかりでありません。売春をあっせんする組織もあれば、高校生でも麻薬が簡単に手に入ることもある社会です。

このような状況でも高校生たちは健気に生きています。純粋に親の期待に応えようと努力しています。見た目が不良っぽくても、ほんとうはまじめな子も多くいます。しかし同時に、彼らに危うさがあるのも事実です。悪いほうへ向かうのもあっという間です。「なんとなく悪いことをやってしまった」「なんとなく異性と肉体関係をもってしまった」と、聖書と違う価値観へ簡単に流されてしまいます。「なんとなく」から「とんでもない」方向へ転落する可能性も否めません。

◆話せる場所が欲しい

「はなす」には、「話す」と「離す」という漢字があります。だれかに「話す」ことで重荷を「離す」と言われています。ここでなら話してもいいという健全な居場所があれば、彼らはそこに定着していきます。

私たちがhi-b.a.で行っていることはシンプルです。聖書の学びを中心にし、高校生たちが一週間どんなことがあったか話す場所でもあります。

虐待を受けている子が集会に来て、一時的にでも元気になって家に帰っていく場合もあります。心と心がつながっていれば、いちいちＳＮＳを見なくても気にならなくなります。神さまから自分の存在を認められているということを確信できる、そういう居場所がひとつでもあれば、その子の人格形成の助けにもなっていくと思います。

聞いた話ですが、あるおばあさんが、学校帰りの高校生に「おなか空いてない？」と声をかけ、おにぎりをあげたそうです。そのとき、その子の学校の愚痴、とりとめのない話を聞いてあげました。その日からその子はおばあさんの家にちょくちょく来て、話していくようになったといいます。

これは話を聞くことで心が開かれ、良い関係が構築されていった例だと思います。私は、相手がとりとめのない話をしてくれたとき「やった!」と心の中で喜びます。どうでもいいことを話してくれるということは、心を開いてくれている証拠です。

話を聞くことは相手のことを知ることになります。聞くことで相手には精神的な居場所ができます。話を聞くのに、年齢が離れているなどは関係ないのです。話を聞いてもらえてうれしくない子はいないのだと思います。

彼らに安心できる「居場所」がひとつでもあれば、たとえ学校でいじめを受けていても、「居場所」で元気をもらい、再び学校に行けるようになるケースもあります。学校でひどいことを言われたとき、「居場所」で、こんなこと言われて大変と話すことができれば、その子の心は助けられるのです。

「居場所」は多ければ多いほどいいでしょう。毎週集会に来て、そのほかに教会が居場所になればその子は週に二回、自分の本音を言える機会があることになります。

集会に来ていたころは荒れていた子が、その後教会に行くようになり、いまでは立派な社会人となりました。この人は「何となく集会に来ていた」だけで、良いほうへ変わっていったのです。

自分の価値が見いだせない、不穏な中にいる子たちに福音が届くことで、罪の解決が得られ、また自分を認め受け入れてくれる場をもつことで、その子の人生は大きく変わります。

安心できる居場所は、多ければ多いほどいいのです。たくさんの居場所をもつ子はより安定していけることでしょう。

孤独は深まっていきます。しかし、だからこそ高校生たちに健全な居場所を用意し、福音を伝えていくことで状況は改善していく、という希望をもち続けていきたいと思います。

（川口竜太郎スタッフ）

こんな子が多い？

◆素直だけど……

高校生たちには二面性があると思います。彼らは、良い意味でも悪い意味でも物事を素直に受け入れるところがあります。

彼らはみことばに対して素直です。みことばどおりにいくと有頂天になりますが、失敗すると、そのみことばがストレスになり、自分を責めたり、神さまに文句を言い始めたりしてしまうときもあります。

たとえば、「あなたの隣人をあなた自身のように愛しなさい」というみことばを読んだとすると、素直なので実践しようとします。けれども、もしそのとおりにできなかったら自分を責めてしまいます。

「宣べ伝えよ」のみことばどおりに友だちを集会に誘い、何度断られても伝えること

が大事だ、と誘い続けている子がいました。その子の姿を見ていたほかの子たちも影響を受け、自分たちも、と友人を誘い、たくさんの新しい人たちが伝道集会に来たこともあります。

彼らが神さまに信頼し従っていくとき、神さまからの祈りの応答や導きの表され方が、大人の場合と違うなと感じることがあります。神さまが高校生たちの祈りに素早く答えてくださるとき、「明確に応答があっていいなあ」とうらやましくなります。しかし、伝道という面において、こうした「自分ができる・できない」という考えが中心になってしまう傾向もあります。伝道は本来、神さまが成し遂げてくださることですが、自分のできる範囲と神さまがしてくださる範囲がわかっていない場合があるのです。

また、少し前の時代では男子高校生は賛美をしたがらない子が多く、また即興劇などを人前でやるのは恥ずかしい、面倒くさいと言ってやりたがりませんでした。しかし最近は多くの高校生が表現することに興味をもっており、そしてじつにたくさんのアイデアをもっています。高校生の能力は時として大人をしのぐ場合があります。それは伝道にも活かすことができる賜物だと思います。美術、ダンス、音楽の才能に長けており、しかも独創的です。

ただし、熱しやすく冷めやすいという未熟さも併せもっています。好きなことしかやらないという自己主張の激しい子もいて、従うことができなかったり、協調性に欠けたりすることもあります。しかし、このような主張の背景には単なるわがままでは片づけられない、たとえば家庭環境や心に傷を負っている場合もあり、それは見逃せない点であるといえます。

「神さまが大好きだけど、塾や補講があるから、いまは勉強を優先する」と優先順位を定めきれないこともあります。「いまは受験だし、神さまのことを考えるのは無理」と変にあっさりしている子もいます。しかし、中には礼拝出席や信仰生活とうまくバランスをとって勉強に集中できる子もいます。塾や受験で忙しいけどいまこそ神さまを求めるときだ、と集会に出る前まで別室で勉強し、時間になったら集会に参加していた子がいましたが、その子は難関といわれる大学に合格しました。

全員がそうではありませんが、傾向として、神さまを第一としながら生活した子は成績もよく、祝福された進学をしていることをこれまで見てきました。

◆進路の悩み

高校生には、どういう進路にいくべきか、というプレッシャーが絶えずあるのではないでしょうか。

進路には家庭の事情も大きく絡んできます。親の失業や家庭の経済状態の悪化などで、勉強のできる子が進学を断念するケースも増えたように思えます。集会などで、ある子が家庭の事情を話すと、「じつはうちもだよ」と言い出す子もいて、驚かされます。

高校生たちは、いまの社会人の大変さを何となく知っています。過労死をしたり、たくさん働いても残業代が出なかったり……。一生懸命勉強して仕事に就いたところで、行き着くところはそういう状態かと考えています。

大人たちの様子が幸せそうに見えないといって、働くことや勉強の意義を見いだせないでいる子もいます。

「夢とか将来の希望とか、何もない」という子もいますが、そんなはずはないのです。「何もやりたくない」という人はいないはずです。その子にそう言わせる背景や環境、理由が必ずあると思います。まずはその子の話にじっくりと耳を傾けてみたいと思わされます。

◆自分の思いをうまく言えない

彼らは、自分の悩みをうまく説明できません。「大丈夫?」と聞くと、だいたい「大丈夫」と返ってきます。でも、たいていは大丈夫ではないことが多いのです。

教会や集会でも自分の言いたいことをうまく言えない子がいます。そのような子は、悪態をついたり、SNSで暴言を吐いたりもします。「どうしたの? この前なんかずいぶん乱暴なこと言ってたね」と話しかけると、迷惑そうに「おまえには関係ねーよ」と返してきたりします。このような時でも話しかけることを一、二回であきらめないでほしいと思います。そのとき話してくれなくても、「じゃあ、また話したくなったら言ってよ」とひと言言っておきます。そのひと言があるかないかではずいぶん違うと思います。

〝話してくれない〟とこちらが諦めてしまうと、心の距離がどんどん離れ、ついには悪い方向へ向かってしまうという最悪のケースもあるのです。

私の印象では、そのような態度の子は、自分のことを話したくて仕方がないのだと思います。おそらく嘘の自分を作りすぎ、また他人と本音で関わったことがないため、うまく表現できないのだと感じています。

このような表現下手は、ツイッターやFacebookなど、ＳＮＳ上にも現れます。ネガティブな意見、一方的な表現、攻撃などが目立ち孤立してしまいがちです。現代は孤独感が強く、そのうえ悩みをうまく説明できない人が大勢います。ネット上だけでも自分をわかってほしいと思うのに、それがエスカレートしていくうちに、そこでも孤立してしまう。孤独にますます追い討ちをかけるのです。

（川口スタッフ）

Jさん（大学生）

高校生のころは、クリスチャンとして生きることは窮屈で、いつも生きづらさを感じ、自分を嘘で埋めているような気がしていました。福音を知ることはありのままの自分で生きていけるようになるはずなのに、教会で求められていることは真逆のように思えていました。

「自分らしいって何だろう？」どう感情を出していいかわからなくなっていました。うれしい気持ちを正直に出したらそれを見て悲しむ人がいるかも、と気を遣って素直に喜べなかったり、感情を殺してなるべく静かにしていようと思ったりしていました。そうした積み重ねで息が詰まっていきました。

誘われてhi-b.a.に行ってみると、クリスチャンでいることってこんなに自由で生き生きしてるものなんだと感じました。これまで信仰の成長を助けてくれた人もいたけれど、hi-b.a.スタッフのように徹底して私の考えや悩みを受け止め、否定しなかった人はいませんでした。高校三年間、同じスタッフが担当してくれました。時間、体力、気力を惜しまず、同じ土俵で向き合い、寄りそってくれました。自分の信仰のモデルにもなっていきました。

途中、スタッフに依存しすぎているのでは、と気づき、「このまま人に依存していると、集会を卒業したら信仰も終わってしまう。神さまによって問題の解決をしていかないと」と思わされました。

私の疑問や問いに対して、スタッフがすぐに答えを与えなかったこともよかったと思います。時々キャンプのカウンセラーの奉仕などをしますが、私は答えをすぐに教えてあげたくなります。でも高校生たちは答えが欲しいのではなく、自分の声を聞いてくれることを求めています。自分の気持ちを言葉にして、それを聞いてくれる人がいて、高校生はそこから自分で答えを見つけていくようになるのだと思います。

すぐに解答が得られなくても何年かたってから、あのときの自分はここが間違っていたな、と自分でわかるようになることは大事だと思います。

Eさん（大学生）

母がクリスチャンでしたが、仕事が忙しく世の中で生きている人のように思えて、ほんとうにクリスチャン？ と思っていました。学校はキリスト教主義でしたが、自分に信仰はなく、学校の宿題などで仕方なく教会に時々行く程度でした。

高校に入って、中学時代ずっと仲良かった子から、いきなり理由もわからず仲間はずれにされました。同じクラスで、みんな楽しそうにしていて、私は学校に行けなくなりました。

母が知人からhi-b.a.のことを聞いてきて、高校一年の終わりに集会に連れて行かれました。なんでそんなところに行かないといけないんだ、と最初はすごくいやでした。学校帰りの友人に電車で会うかもしれない、とも思っていました。

何も言わずにいきなり無視され、信じていたのにまるで知らない人になってしまった友人たちのことで、私は人間不信になっていました。

hi-b.a. のみんなは親切でしたが、またこの人たちにも嫌われるかもと思うと、はじめはなじめませんでした。でも、集会に来ていた子たちが次の集会にも誘ってくれ、集会だけじゃなく、連絡をまめにくれました。集会に行ったり、ご飯をいっしょに食べたり、そして二年の時に行ったキャンプで、さらに深い交わりをすることができました。

頻繁に会えなくても、悩んでいることを時々話すと、祈っているね、と言ってくれ、苦しいことを分かち合ってくれる。そんな関係が、いまでも続いています。土曜の集会は人が多くて、私は賑やかな集会が苦手でしたが、その人たちといっしょに祈りたくて行っていることもありました。

高校二年の秋ごろ、また学校に行けなくなることがありました。二回目のいじめでした。毎日教室の中で聞こえるように悪口を言われたり、あざ笑う声が聞こえました。学校の外でも、だれか知らない人が笑ったりするのが聞こえると、自分のことではないかと思い、外に出るのもいやになっていきました。

先生からも、私が悪いのではと責められたりしてつらかったのですが、一回目のいじめの時と決定的に違ったのは、私には hi-b.a. という居場所があったことです。学校であったことを話せる場所があり、聞いてくれる人たちがいました。裏切る人もいるけど、助けてくれる人もいるから大丈夫かな、そして、これは神さまが与えている試練だ、いつか必ず終わる、と思えるようになっていました。

高校三年の夏、洗礼を受けました。キャンプなどでいろいろ話を聞くうちに受洗しようかなと思ったのです。集会で聞く聖書の話はわかりやすく、内容も日常生活に即したものでした。でも私が信仰をもつのに一番影響したのは、集会に来ている人たちが自分中心でなく神さまを中心に集まり、相手を思いやる姿を見せてくれたことです。この人たちが神さまを信じているから、自分も信じてみたいと思えたのです。

大学時代、キャンプのカウンセラーをやりました。いじめにあっている子、親との関係に悩んでる子たち、もっとこうなりたい、愛情がほしいと思ってる子たちに会いました。そういう子たちに、あなたはひとりじゃないよ、そのつらいことはずっと続くわけではない、と証しとして言うようにしています。

クリスチャンになって思うことは、これまでの経験はそのときはつらかったし、戻りたくはないけど、何一つ無駄ではなかったなと。もしあの経験がなかったら自分がだれかを傷つける側の人間になっていたかもしれないと思います。

hi-b.a. にはいろんなスタッフがいて、この話をするならこのスタッフがいいかな、などありますが、集会の担当をしてくれたスタッフは、いい意味で放置してくれていました。必要なときは助けてくれ、見ていないようで見てくれていました。何より、そのスタッフが神さまをいつも見上げているのがわかったので、その姿を見て、「ああ、神さまっているんだなあ」と納得できました。

生活に密着したＳＮＳ

◆ＳＮＳで生きている？

現代の高校生にとって、ＬＩＮＥやFacebook（以下、ＦＢ）などのＳＮＳは生活の一部分となり、若者に伝道していくには、ＳＮＳの存在を無視することはできないと考えています。スタッフの中でも意見は様々で、ＳＮＳをやっている人もいれば、やりたくない人もいます。私たちの場合、避けていると仕事にならないので、ひととおり参加しています。

たとえば、はじめての高校生が集会に来たとき、一昔前だとパソコンのメールアドレスを聞いていましたが、いまは携帯電話（以下、携帯）を持っているのが大前提です。子どもたちは初対面でもすぐにＬＩＮＥのＩＤを教えたり、ＦＢに招待したりしてＳＮＳでつながろうとします。

たしかに、ＦＢはイベントの告知などには便利です。最近では意識的に使い、いろいろ研究して良いところ、悪いところを知ろうと思っています。その結果、見えてきた感想としては、やはりＳＮＳは一方的だ、というものです。

高校生の平均的ＬＩＮＥの所属グループ数は、二十六グループ。

ＬＩＮＥを使っている大学生のうち三割は「ＬＩＮＥに疲れている」という統計があります。既読機能があるため、読んだら返信しないわけにもいかず、また既読しているのに相手から返事がかえってこないと不安になる、という面があります。

ＬＩＮＥは気軽なチャット（おしゃべり）ですから、ちょっと見逃しているとどんどん進んでいき、参加してないと仲間から置いていかれてしまいます。いま、ほとんどの子どもたちがスマートフォン（以下、スマホ）を持っていて、食事中、授業中、集会中、それこそお祈り中であってもＬＩＮＥを見てしまいます。だれかと会っていても、お互い話をしないで画面を触っているという状態が見受けられます。

キャンプで一日の終わりにみんなで話し合うときも、画面を見ています。注意すると、「あ、すみません」と言って一旦はやめますが、つぎの瞬間、また画面を触っているのです。ある種の依存傾向にあると思います。

現代の高校生たちはSNSで生きている、SNSの中で生きている、といっても過言ではありません。そして、生身のコミュニケーションが苦手です。

はじめて集会に来た子に「名前なんていうの?」と聞くと、答えられない子がいます。いっしょに来た子のほうを見て、「え、どうすんの?」「いま答えていいの?」と小声で聞いたりしています。自分の思っていることを言うのが苦手な子も多いようです。同年代の若い人に「ウケる」文章を書くのは得意ですが、「何か感想ある?」と聞いても、「だから〜」と始まるのです。最初に発する言葉がわからないのでしょう。

生のコミュニケーションが抜け落ちていて、意思伝達したつもりになっている場合もあります。大学に受かったというので、「合格おめでとう」と言うと、「もうFBに書いたよ」と言われたりすることもあります。

あるキャンプではじめて会った男子学生二人がいました。一人の子が相手に向かって「そういえば俺たちFB上で、友だちになったんだっけ?」と言いました。はじめて会ったのに「友だちだっけ?」と聞くのです。

◆潜む危険性

ＳＮＳについては訓練し、正しい使い方を知る必要があると思われます。子どもたちは携帯を使っ**ている**というより携帯に使わ**れている**、支配されていると思えるのです。

これまでhi-b.a.のキャンプは、携帯の使用を禁止にはしていませんでした。使い方には注意しましょう、とだけ言い、高校生たちは携帯を部屋に置いておくといった対応をしていました。けれどもいま、それでは制御できなくなってしまいました。

同じキャンプにいる異性とＬＩＮＥしたりなど、良いことがないのでキャンプ中は携帯を預かることになっています。依存度が強い場合は、たとえキャンプで携帯を預かっても解決にはなりませんが、ＬＩＮＥがなくても大丈夫なんだ、それよりもいっしょに賛美したり、自分の話を聞いたりしてくれる友だちがいるなど新鮮な体験をして、顔と顔をあわせて話をするほうがいい、と高校生たちが自分で気づいてくれることが、はじめの一歩だと思います。ほんとうに良い世界を知れば、「ＬＩＮＥなんかなくても大丈夫」と思えるかもしれません。

ＳＮＳで犯罪に巻き込まれるケースもあります。知り合った男女間での殺人など、事態は深刻化しています。まだＳＮＳがこれほど盛んでなかった時代、ミクシィを使っていたときにこんなことがありました。

国際 hi-b.a. のチームが渋谷でトラクト配布をしました。ミクシィで知り合った子を連れてくる、という子がいたので詳しく聞いてみると、チラシを見た女子高校生が hi-b.a. のＨＰを見て、そのあとミクシィのコミュニティに問い合わせてきたというのです。駅で待ち合わせすることになり、高校生たちは無邪気に「すごいね」と言ってうれしがっていましたが、私は不安な気持ちでいっぱいでした。相手は高校生と言ってるけれど、もしかしたら高校生じゃないかもしれない、女の子と言っているけどおじさんかもしれない、と思ったからです。

そのときはほんとうに女子高校生だったのですが、そうではない場合もあるということも知らせないと、と思わされました。ＦＢの文面上では良いことが書いてあっても、じつは嘘だったということもあり得ます。真実は画面だけではわからないのです。

たとえお互いに知らなくても、共通の友だちがいるだけで、ＦＢ上で「友だち承認」をしてしまうという子も多く、それはとても危険なことだと常に高校生たちに言うようにしています。SNSでは共通の友だちと偽って架空の人物を作ることもできるし、FBのアカウントを乗っ取る詐欺もあるからです。これはパスワードや個人情報を盗まれたりする恐れもあります。手口は巧妙で本人にわからないように行われ、電話番号も知られてしまいます。携帯にはGPS機能がついているため、撮った写真から自宅の場所もわかってしまう危険があります。

FB上では、知らない人には「友だち」承認しないというのが鉄則です。背後に犯罪組織などが潜んでいることもあり、高校生の裁量でどうにかできるという次元を超えています。

FBはもともとアメリカの大学生の間で始まったもので、高校生や子ども向けのものではありません。政治家や芸能人など、大人でもSNSで不適切な発言をして問題になっているのに、人格形成真っ最中の子どもが正しくSNSを使うことは困難です。

◆人を傷つける道具にもなる

LINEには祈禱課題などを載せることもできて、それを読んでほんとうに祈ってくれる人もいるでしょう。その一方で、「祈ってるよ」と送っても、ただ画面上に書いただけになっている可能性もあります。

現代はパソコンで検索すれば情報をいち早くキャッチできます。情報受信だけならまだよかったのですが、こちら側から発信もできるようになったところに問題点がありま す。間違った考え、間違った聖書解釈、自分を気にしてほしいという思い、たとえば「いまから死にます」といった言葉まで発信できるようになってしまいました。意図的ならまだ対処の方法もありますが、純粋な気持ちでキャンプのメッセージなどを自分なりの解釈でSNSに発信されたりすると、とても困ってしまいます。

世界はスマホ上、FBの世界だけが最高だと思っている子もいることでしょう。SNS上でよく見るのは、自己完結の多い表現です。言い放って終わりなのです。

その一方で、矛盾している言い方になりますが、文章をあいまいにして終わらせる書き方もあります。きもい、うざい、で話を終わらせることができるから自分を否定されなくてすむし、「~な感じで」「~的な」「一応」などと言っておけば、主張をあいまいにでき、だれからも攻撃されないように自分を守ることができます。絵文字や顔文字で和らげたりするのも、若者なりの知恵なのかもしれません。

私がいま特に高校生に指導していることは、どうしたら被害者、加害者にならないか、です。場合によっては、高校生たちが加害者にもなりうるのです。画面上で人を攻撃し、傷つけることができます。文字で残るため、発信する側も見る側も、傷や怒りが倍増していくケースがあります。ＳＮＳには、居場所がない子が集まっていると同時に、ＳＮＳがあるから居場所をなくしている子がいる、という側面もあるのです。

「ＳＮＳは包丁みたいなもの」だと思います。正しい方法で使えばおいしい料理を作ることができますが、間違った使い方をすると人を傷つける道具にもなります。

◆聖書的に見ると

「すべてのことは、してもよいのです。しかし、すべてのことが有益とはかぎりません。すべてのことは、してもよいのです。しかし、すべてのことが徳を高めるとはかぎりません。だれでも、自分の利益を求めないで、他人の利益を心がけなさい。」

（Ⅰコリント一〇・二三、二四）

ＳＮＳについても聖書的に考える必要があるのです。

自分が良いと思っている投稿もひと呼吸おいて、ほんとうにそれは発信していい内容なのか、だれかが勘違いしないか、傷つかないかを考え、ひと言祈ってから投稿するくらいの慎重さは無駄にはならない、と高校生たちに伝えています。

この先もSNSはなくならないでしょう。ですから、やめなさいとは言いません。しかし、SNSよりもっと良いネットワークがありますよ、と言うようにしています。顔と顔を合わせた信仰と信仰の交わりが一番、これを「クリスチャン・ネットワーキングサービス」と私は勝手に命名していますが、この交流こそがお互いの成長を促していくものだ、と高校生たちに話しています。

LINEでたくさん会話をしているように思えても、生身の会話には勝てないものです。箴言二七章一七節に「鉄は鉄によってとがれ、人はその友によってとがれる」と書かれているとおりです。

また、ヨハネの手紙第二、一二節にはこうあります。

「あなたがたに書くべきことがたくさんありますが、紙と墨でしたくはありません。あなたがたのところに行って、顔を合わせて語りたいと思います。私たちの喜びが全きものとなるためにです。」

ヨハネの手紙第三も、同じような言葉で閉じられています。紙と墨で伝達する方法は、この時代の最先端だったことでしょう。ヨハネはこの「手紙」という最先端技術を使ってはいますが、最終的には会って話したいと語っているのです。現代のSNSの使い方についてもここから教えられます。

キャンプの分科会でSNSの学びもありますが、SNSの問題を抱えている子はそうした分科会に参加してきません。ですから、最近ではキャンプ全体のメッセージの中でSNSについて語ることもしています。

◆ケータイのルール

最近、聖書を持ち歩かない、という子が増えました。スマホのアプリに入っているからという理由です。hi-b.a.では「聖書を携帯しよう」と教えてきた伝統があります。たとえ読まなくても、聖書を持って学校の机の上に出しておけば、かならずだれかが反応するから、と言うようにしています。これも世の中でクリスチャン高校生ができる、生きた交流のひとつです。

高校生には、ＳＮＳや携帯の使い方の指導も必要です。たとえば待ち合わせの時間に遅れるとき、携帯で簡単に「ちょっと遅れる」と連絡できてしまうのですが、本来は時間を守ること、相手の時間を奪わないということを教えることが第一です。

家庭でも携帯を使う時間帯や、親は携帯をいつ見てもいいなど携帯に関するルールを決めてほしいと思います。何も決めていないと、性的な画像をいつでも見ることが可能、どんな情報でも手に入るという結果になります。親御さんにはショックでしょうが、「うちの子にかぎってそんなことしない」と思っている子にかぎって、見ている子が多いのも事実です。

アダルトサイトなどは、広告に間違って触るだけでもページが開くようになっています。大人側の戦略なのですが、これでは正しい性が若者に伝わりません。人は誘惑には勝てないことがほとんどです。高校生ならなおさらのことです。

どうしたら携帯上のこうした誘惑から離れられるのでしょう。誘惑の力は強く失敗もしますが、信仰の仲間や友人に相談して自分だけで煮詰まらないことが大事です。徹底的にその誘惑から離れさせること、どうしたら離れられるか、どこまでならいいのか、という線引きを本人に考えさせたいと思います。

私がいくら、「ここまでならいい」と言っても、それは私の決めた線ですから、「聖書になんて書いてあるかを読み、自分はどう思うか決めて」と言うようにしています。その線引きが間違っている場合、「それはどこまで破っていいかという話だよね。そういう信仰生活を歩みたいの？」と尋ねます。

どこまで従っていくのか、神さまに従えば従うほど神さまに守られますよ、何をすれば守られるかを知ってください、といった会話を高校生たちとたびたびしていくことも大事です。

携帯のない時代のほうが心が豊かだったと思います。キャンプで会った人とこれからも友だちでいたいと思うときは、「住所書いてね」とノートを渡していました。写真を焼き増しして、手紙といっしょに送ったり、それがとても楽しみでした。

いまはＳＮＳで簡単に連絡がとれますが、あとで見ても「これ、だれだっけ？」となってしまうこともしばしばあります。

◆これからのSNS

情報の取捨選択やルール作りも必要だと思っています。SNSは海外にいる友人と連絡が取りやすいし、また日本ではSNSを通じて同世代のクリスチャンと交流することもでき、キリスト者たちにとっては励ましです。

しかし、SNSを説明する時間が不十分な状態で、浸透のスピードが早すぎることも事実です。私はSNSの問題点を改善するためには、高校生たちに居場所が提供される必要がある、と思っています。高校生だけでなく、社会全体において、人間がありのままでいてもいい世界にならないと、こうした仕組みへの依存もなくならないことでしょう。だからこそ、人々に福音が伝えられなければと思うのです。

子どもたちはみんな寂しいのだと思います。受験のプレッシャー、親の問題、経済的な問題など、この子なら大丈夫だろうと見えても、じつは何かしら傷ついている子がいます。父子家庭、母子家庭もたくさんあります。虐待を受けている子にとっては、だれかが自分に反応してくれる、見ていてくれるというSNSが、少しでも心の痛みを和らげてくれるのでしょう。

家にも学校にも居場所がなく、だけどhi-b.a. のＬＩＮＥに行けば居場所がある、と
このＳＮＳで命をつないでいる子も実際にいるのです。
しかしＳＮＳは異端や新興宗教、政治的に若者を利用するツールとしても使われてい
るので、私たちは、たとえうるさがられても正しいものを高校生たちに示し続けなくて
はなりません。
大人側がＳＮＳの実態や内容を知らずに勝手なイメージで、「良くないからやめなさ
い」と言ったところで何の解決にもなりません。一方的に意見を押しつけ、一旦言うこ
とを聞いたとしても、反動でますますのめり込んでしまう危険もあります。納得できな
い方法で引き離すのは逆効果ではないでしょうか。ですから、家庭でよく話し合ってい
ただけたらと思っています。
若い人たちにはケアと導きが必要です。携帯やＳＮＳのシステムを作ったのは大人で
す。このシステムに子どもたちは振り回されているのです。これからまたさらに新しい
ＳＮＳが出てくるでしょうから、大人も含めて学びが必要な分野だと考えています。

（丸山告スタッフ）

Iくん（大学生）

家族で父以外がクリスチャン。小学五年生くらいに携帯をもらい、中学一年生くらいから使いはじめました。当時、携帯をみんなほとんど持っていて、携帯のゲームがはやっていました。

メールは、携帯のなかった世代の人は手紙の延長という感じかもしれないけど、ぼくらの場合は会話が文書化したという感じです。だから、早く返事が欲しい人もいるし、オレの話を聞いてるのかとせっつく人もいました。

はじめはミクシィ、高校生からはツイッター。閉鎖的なミクシィに比べて、ツイッターは大統領や有名人が参加していたりと、大人のものという印象でした。

ツイッターには二種類の人がいて、知っている友だちだけフォローする人とネットの上で知り合おうとする人です。自分は両方でしたが、ツイッターでは人間関係がぎくしゃくすることがあります。基本フォローされたらフォローするのがマナーとなっているけど、ぼくは自分の興味があることしか見ないので、フォローしてない人と実際に会うと気まずい思いをしたことがあります。

ＳＮＳは上手に使えば便利だと思います。震災のとき、メールが使えなかったけれどもミクシィで連絡がとれました。ぼくの家でも、緊急時にはスカイプで連絡しようと家族で決めています。

でもマイナス点もあります。中高生は、友だちからどう思われてるかが何よりも興味がある時期です。友だちの言葉を気にしている子にとって、ＳＮＳがあると家に帰っても気が休まらないのです。

手紙は個人から個人だけに言いたいことを書けるけれど、ＳＮＳは発信した言葉が全世界の人に行ってしまうので、ほんとうに危険だと思います。精神的に病んでいる人からすべての人に、自分がいまこれだけ苦しい、つらいという言葉が流れてしまう。それを見ているほうもつらいし、いやな気持ちになることもあります。そういう人に、本来なら「どうしたの？」と直接聞いてあげるのがいいと思いますが、ＳＮＳ上ではそれが「投稿」になってしまう。クリスチャンの良さは神さまを信じている友だち同士、励ますことができることなのに、これでいいのかとむなしくなりました。

以前、FBの使い方に気をつけたほうがいい、というようなコメントをネット上で書いたことがあります。人を傷つけないように気をつけて書いたけど、くってかかってくる人がいました。「ネット上では誤解が解けないから会って話そうよ」と言っても、拒否されました。こういう人は、SNSの発言がたくさんの人に見られていることに気がついてないと思います。手軽に使える手紙の延長線のように見えますが、その内容は参加している全員が見るのです。自分のアドレス帳全員に、このメールを送っていいかどうかくらいを考えて投稿してほしいと思います。

ぼくはいま近況報告だけ載せてます。教会やhi-b.a.のこと、集会の案内、ミーティング、奉仕のために祈ってくれている人がいるから、そのためにSNSを使っています。

外国にいる人と話すときにも便利です。地方にいる恩師とも連絡がとれるし、近況をアップしてくれるとうれしく思います。

ぼくはSNSがなくなっても影響を受けないと思います。ほんとうにその人と連絡をとりたければ、ほかの方法でも連絡をとるでしょうから。

高校生の生活は学校、塾、と遊ぶ時間がありません。食事の時間までに帰らないといけないから、立ち話にも制限がある。LINEはどうでもいい会話が多いけど、気楽な立ち話的な存在としては格好のツールかもしれません。

でも、制限がなくなると問題も出てきます。LINEで言いたい放題だったり、家族間の関係も悪くなると思います。以前なら門限が十時と決まっていて、遅くなったら親から怒られたりしたけど、LINEはいつでもどこでもできて、制限がないから親もどうしたらいいかわからない。昔は、子どもが安心できる場所は家だったと思います。学校でいやなことがあっても、家に居場所があって落ち着けたでしょう。

ぼくも中学のときは、クラス内での自分の立ち位置を意識してがんばっていたから、家だけが一息つける場でした。でも、LINEがあることで家にいても緊張感や人間関係が入り込んでくる。ふつうはケンカしていたら、だれかが止めに入ったりするけど、LINEは人を追いつめるようなことを言っても、だれにもわからない。ＬＩＮＥには中毒性がある。やるべきことがやれていない状態であれば、それは中毒だと思います。

ぼくはいつも電車の中で本を読むようにしています。気がつくと携帯を見ているときは「気をつけろ」のサインだと思うようにして、自分で制限をかけています。

ＬＩＮＥのいい点は、簡単に連絡がとれること。大学の共同作業のときなど、お互い授業のすれ違いで会えなくてもＬＩＮＥで作業できます。

でもぼくは、手紙でやりとりしてた時代はいいな、と思うんです。あとやっぱり会って話したい。ほんとうに仲のよい人には会いたい。たくさんの人にうわべだけ知られているより、一人だけに知ってもらうのでいい。

中高生は、親に養われているんだという考えを基本にもっていないといけないと思います。また親も子どもに任せきりでなく規制をかけていいと思います。携帯の契約は親がしているでしょう。親は子どもに「十時以降は携帯を返して。私のものだから」と言っていいと思います。

II
高校生に寄りそう

どうしたら若い人たちが教会につながるか

◆大人の一致が欠かせない

hi-b.a. では、すべての高校生に福音を伝えたいとの理念を掲げていますが、そのためには、教会が活動主体となる必要があります。私たちの働きは、あくまでも教会のサポートで、地域の教会の必要に応えていくものです。

教会として若い人たちへの伝道をしたいというビジョンをもった際、教会全体の方向性を明確にしておくことが必要になります。

たとえば、高校生伝道などのやり方がわからないということで、私たち hi-b.a. スタッフが教会に呼ばれ、イベントを行い活気づきましたが、そのあとで「教会の方向性と違うのでやめてください」と言われたことがあります。教会に若い人が来るようになり、大変になってしまった、うるさい、などと教会員から言われてしまうこともあります。

若い人たちへの伝道を教会のビジョンとして、一貫して教会全体の了解を得ておかないと、このような結果に成り得ます。

hi-b.a. はこれまで、中高生たちに関する教会からの様々な依頼を受けてきました。キャンプの講師をはじめ、CS教師の学び会、男女交際について、進路や部活と信仰の両立などを中高生に向けて話してください、といった依頼もあります。

ある教会からは、若い人たちが教会の現状に満足していないので、若い人向けの礼拝を作ることを手伝ってほしいという要請がありました。メッセージやプログラムの組み立て、はじめは hi-b.a. スタッフが司会、奏楽、メッセージを担当しましたが、やり方がわかっていけば、本人たちに任せていくことができます。定期的に関わりましたが、いまではもう完全に自立したので、hi-b.a. の手を離れました。

その教会では、午後は若い人のための礼拝にしよう、という考えが教会内で一致していたため、全面的に hi-b.a. が任せてもらうことができました。また礼拝の祝禱は牧師がささげるなど、約束事もあらかじめ教会側で決めてあったため、とても円滑に事が進みました。

◆教会が「居場所」になるには

教会が若い人たちの健全な心のたまり場になっていけたらと願います。大人は責任はとるけれど、あまり口出しせず、寛容に子どもたちを見守ってほしいと思います。

当時、高校生の私と友人たちは文字どおり教会にたまっていました。家庭に問題のある子がほとんどで、教会の方々は内心ハラハラしていたかもしれませんが、何も言わずに見守ってくれました。いつのまにかみんなタバコや悪いことをやめていきました。いま振り返ると、教会の大人たちが遠くから見ていてはくれるのですが、限りなく放任に近かったことがよかったなあと思います。

そのうち、友人たちは（私も含め）献身者になりました。子どもたちが霊的に育っていくことは、教会が育つことにもなると思うのです。

もしかすると気づかぬうちに私たちは、教会の中での若い人たちの居場所を奪ってしまっているかもしれません。高校生が一人しかいないという教会で、大切にされているけど居づらい、という子もいます。居づらいけれどクリスチャンだから行く、というのです。

礼拝のメッセージが大人向けのものである場合もあります。大人は交流をもっているつもりでも、気がつけば一方的に大人が話していて、高校生のほうが聞き役にまわっていることもあります。

文句を言わない、態度に出さない子もいて、ぐったりして大人の話を聞いている子もいます。

いつもひとりでいるからと、周囲が配慮のつもりで何か仕事をしてもらおうとすることがあるでしょう。でも、その子は何かやりたかったわけではなく、友人もいないので仕方なくひとりでいただけなのです。

こういう子たちは信仰告白や洗礼を受け、そのあとは信仰を保つことで精いっぱいになります。いま日本の教会では、このような子どもたちが多いのではないでしょうか。

また、教会内にクリスチャンホームがいくつかある場合、親同士は気をつけてはいても、何かの拍子に自分の子と他の家庭の子を比較していることがあると思います。私たちは一つのキリストの体だ、という思いが親に欠けており、どっちが良い学校に入れたか、レベルの低い学校に入ったか、容姿が美しいか、そうではないか、などで比較すると、子どもは傷つき居場所を失います。

また、「新しい歌を礼拝で歌ってはいけないの?」と聞いてきた子がいます。新しい歌を歌えと聖書に書いてあるのに、教会ではダメと言われ、疑問が生じてしまったようです。若者が教会に集まるようにするには、若い人たちが喜んで神さまを礼拝し、賛美できるような配慮が必要なのではないでしょうか。

高校生に「この讃美歌の歌詞の意味わかる?」と聞くと、わかっていない場合がありますし。違う意味に解釈していることもあります。礼拝で使われている頌栄や交読文はなぜ読むのか、これも知らない場合があります。知らないことが多い礼拝に一時間、大人に交ざってひとりで出席している子がいます。ぜひ、その子の心境を想像してみてほしいと思います。

昔ながらのスタイルの礼拝が悪いのではありません。高校生の中には「派手な賛美集会もいいけど、やっぱりオーソドックスな礼拝が好き」「賛美ライブの興奮と礼拝の賛美の喜びは違うよね」と話す子もいます。

聖書の学びがしたいという子も大勢います。このように、若いから最近の歌がいいのだろう、新しい礼拝スタイルに変えたほうがいいだろう、学び中心では退屈だろう、と

「若いから」という先入観と想像で大人が決めてしまうのではなく、大事な点は、本人

たちの意向をよく聞き、取り入れるところは取り入れる、知らない、わからないところを聞いて教えていく、という大人側の配慮が求められます。

◆のびのび活躍できるよう

教会から「何でもやっていい」と言われていても、いざやろうとすると「それは困る」と眉をひそめられたりすることがあると聞きます。そうなると、高校生たちもどうしていいかわからなくなります。

何でもしていいわけではありません。基準もあります。ですから教会側と相談しながら決めていけばいいのですが、高校生ですから自分の意見をうまく表現できないこともあります。大人と子どもたちの間に入り、意見を調整してくれる人がいれば理想的ですが、このような人がいるところは少ないでしょう。

大人の枠に彼らを収めるだけでなく、若い人だからこそできること、その賜物が活かせることがたくさんあります。スポーツの得意な子は、スポーツを使った公園伝道ができるでしょう。賛美の好きな子は、賛美集会を計画できると思います。子どもたちは主

義や主張にとらわれず、超教派の働きにもすんなりと参加できることでしょう。

若い人たちが喜んで奉仕できると、彼らの賜物もおおいに磨かれます。楽器が得意でもそれを教会で活かせず、別の教会に移ってしまうという子もいます。教会を移ることで本人も傷を負い、また教会を移るといったことを繰り返す場合もあります。

賛美の種類に関することは、若い人と教会側の意見の相違が出やすいテーマです。たとえば「礼拝では讃美歌を歌いましょう」という意見が大人から出たとします。それに対し、若い人が「ワーシップソングのほうがいいのでは」と言うと、「それは違う、礼拝で歌う歌ではない」という答えがかえってきて、その子たちは口をつぐんでしまった、などということがあるのではないでしょうか。

しかし、ここで少し考えたいのですが、これからの子たちを育てようと考えるのでしたら、互いにゆずり合い、特に先に救われた大人がゆずれるところはゆずり、彼らに合わせてもいいのではないか、と思うのです。

若い人が集まっている教会を見ると、やりたい放題にやらせているわけではありません。小さいころから教会や大人に対する礼儀も教えられているし、大人を尊敬しています。そういう教会では、奉仕を喜んでやっている子が多いのです。「大学生になったから教会学校でもやりなさい」と言われて仕方なく奉仕している、という雰囲気は全くありません。ある程度の期間、育てる視点で子どもたちの様子を見守ることが、大人たちには要求されているのではないでしょうか。

若い人たちは失敗もします。しかし、ある程度の失敗は覚悟のうえで、若者のことを本気で考えることが必要だと思います。若い人たちを育てなければ、将来その子たちが担っていく教会も伸びていかないのではないでしょうか。

◆奉仕を頼むときは……

奉仕をすることは本人の成長につながります。しかし、時としてそれが重荷や束縛となることもあるのです。よく話し合ってお願いするならいいのですが、本人は納得していなくて奉仕を「やらされている」という気持ちが強いと、教会生活も苦痛になってしまいます。

ある子が「最近、奉仕がつらい」と集会で話しているのに、別の場所でその子の教会の人から「○○さんは最近教会の奉仕を率先して喜んでやってくれている」と聞き、双方の感じ方のギャップが大きいなと思いました。

子どもたちにとって奉仕とは、大人が思う以上に負担が大きいのです。たとえば奏楽の奉仕にしても、「祈ってください」と緊張した面持ちで話していることもあります。

私が見ている中で、奉仕の頼み方が適切でないと思う場合があります。たとえば、私の知っている子に教会の人が奉仕を依頼したら快く引き受けてくれた、というのです。その子が奉仕を快諾するタイプではなかったので、気になって本人に聞いてみると、「しぶしぶ引き受けた」とその子は言います。依頼者から「いままで教会にお世話になったでしょ？　時間があるんだからやりなさいよ」そう言われたら断れなかった、というのです。「せっかくの休日だったのにな……」とその子は残念そうにしていましたが、依頼した人は「その子は喜んで奉仕してくれた。また次回もお願いしよう」と言っていました。

依頼した人も悪気はなく、その子の信仰を成長させたいという気持ちもあって奉仕を頼んだことでしょう。しかし、このような奉仕の頼み方は理想的ではありません。もしその子の信仰成長を願うなら、奉仕でなくとも、信徒間の交わりなどでも成長できるのではないかと思うのです。

また、何か奉仕を任せたとき、過程や結果が不十分でも、「最後までやり遂げない」「責任感がない」などとすぐにさばかないことです。とにかく相手はまだ高校生です。成長過程と考えて長い目で見てあげる必要もあります。

責任感もその子によって違います。「奉仕をやりたい」という子に集会などを任せることもありますが、うまくいかないと人のせいにする、ミーティングの時間に大幅に遅れる、しっかり動く責任感のある子に仕事を押しつけている、自分の意見が通らないと批判的になる、などいろいろなことが起こります。

しかし、ここで「若いんだからしっかりして」などとは言わないでおきたいのです。「若い人」「若いからひまな人」といった決めつけは個々を見てはおらず、「若い人」とひとくくりにしてレッテルを貼っていることになります。それでは隠れている一人ひとりの可能性を見失うおそれがあります。

それよりも、彼らがどうしたら最後までできるか考えてみます。たとえば何か頼むとき、奉仕の趣旨とゴールを伝え、「これをここまでやって」と範囲を決めてあげると、親切です。本人に任せきりにしないで、時には教えてあげ、しかし、いろいろ言い過ぎないようにもすること。大人の側はこのように様々な配慮が必要になり大変ですが、根気強く励まし、つきあってあげてほしいと思います。

◆期待が重荷に

大人が期待をかけるときも、それが彼らの負担になっていかないよう気をつける必要があります。

責任感が強くひとりで背負いすぎてしまう子もいます。友だちを教会や集会に誘いますが、その人が救われなかったらどうしよう、とその責任までまじめに悩んでしまうのです。

上級生として集会をリードしていかないといけないのではないか、と非常に強く考えている子もいます。こうした子たちは、丁寧に指導すれば伝道の心強い協力者にもなり得るのですが、「やってくれるから助かるし」と任せすぎると、疲れきってしまいます。集会で、「教会の奉仕がつらいんです。学校もあるし、勉強もあるのに……」とこぼす子が案外いるのです。

もう限界、と燃え尽きて教会に来なくなってしまうことなどもあります。こうしたケースを避けるためにも、高校生たちによく声をかけ、「ほんとうに大丈夫？　疲れない？」「なんかあったら言ってね」「最近調子はどう？」と、絶えず気にしてあげてください。

反対に、言わないほうがいいのは「がんばって」という言葉です。期待がさらにプレッシャーになってしまいます。

「前は集会に高校生がいっぱい来てたんだよ」と言われたことが、責任感のある子にはプレッシャーになり、「もう無理」と疲れてしまったり、「私のせいだ」と落ち込んでしまったりすることもあります。

そういう様子を見て「最近の子は逆ギレする」とか「忍耐がない」と言うのではなく、そこに至るまで、たくさんの努力や過程がこの子にもあったかもしれない、と一呼吸ついて考えてみてはどうでしょう。

（川口スタッフ）

親との関わり

大人びていても、高校生にはまだ子どもとしての側面も残っています。子どもには生き方を教える指導者が必要です。その最たるものが親です。

子どもには家庭環境や親の姿勢が大きく影響します。この項では特に〝クリスチャンホームのあり方〟を取り上げたいと思います。

これまで「神の国を第一としなさい」と教えてきた家庭で、成績が下がったり、受験期に入ったりしたとき、「奉仕はやめておきなさい」、模試があれば「教会は休んでいい」というような発言を親がすると、子どもたちは混乱します。

神学校に行きたいという希望に対し、親から「もっと偏差値の高い学校を目指しなさい」と言われた子がいます。「神さまのために働きたい」という思いがあるのに、聖書には「親に従いなさい」と書かれており、神さまは自分にどうさせたいのかわからなくなってしまった、と言っていました。

こうした献身を真剣に考える子には学力的に優秀な子も多く、上の学校を目指させたいという親の気持ちもわかります。しかし、親の言うとおりに進学して、その後教会に行かなくなってしまう子もいます。こうした話を聞くと、厳しい言い方ではありますが、高校生のときに生まれた大事な信仰の小さな芽を、結果的に摘んでしまっているように思われてなりません。

最近、ますますキャンプに参加する子が少なくなっています。行きたいという気持ちがあっても、親から夏期講習に行きなさいと言われると、本人は逆らえません。もちろん、夏期講習も大切です。しかし、こうした親の発言は、「世の中に生きていること」と「神さまの思い」を天秤にかけるということを、子どもたちに示してしまっていることにならないでしょうか。

また、「うちの両親は教会にいるときと家にいるときは、態度や考えが変わるんだ」と子どもが思ってしまうことがあります。高校生くらいになると、親だからといって完璧な人間ではないということを頭ではわかってきます。それでも、親の言っていることと行動が違うというギャップを前に苦しみます。

親と子の要望が一致している家庭もありますが、親の期待と子どもが望んでいることがずれている場合、そのずれを埋める対策が親には必要不可欠になることと思われます。だいたいの家庭では、子どもが小さいころは何かと気を配りますが、中高生になると話す機会も減り、そのずれがいつのまにか大きくなってしまいがちです。

また、思春期の子どもたちは、自分のことを小さいころから知っている親に対し、言いたいことをうまく言葉にできない子も多いのです。

このことは子どもの問題ではなく、親側の信仰が問われる問題なのでは、と思わされます。信仰生活を守りつつ、勉強もしっかりやるようにと子どもに伝え、親自身もそれを態度で示す、これが理想です。難しい課題ではありますが、両立を励ましてやる信念が親に必要になります。

こうした状況の中でも、高校生たちは親の期待に応えようとします。悩みすぎて自分を傷つけてしまう子もいます。子どもたちは大人が考えている以上に、真剣で純粋なものです。その気持ちを大切にしたいと思います。


（川口スタッフ・丸山スタッフ）

わかり合えなかった時代（Tスタッフ）

　ぼくは牧師家庭に育ちました。小さい教会だったため同年代の人もおらず、信仰の友の存在ということは考えもしませんでした。だからhi-b.a.の集会で、他の牧師の子どもが牧師家庭に育った悩みを話しているのを聞いて、単純にうれしかったのです。

　集会にしょっちゅう行くようになると、家の中でそのことが問題になり、「好きな子でもいるに違いない」と勘ぐられてしまいました。悔しかったので何も言わず、女の子と写っている写真を机の上にわざと置いたり、反感を買うようなことをしていました。

　とても良いキャンプだったのに、帰って来ても親には何も話しませんでした。母に「キャンプなんて、どうせ歌って踊るだけでしょ」と言われて、表面には出しませんでしたが、カッとしました。もう絶対に何も話さない、これ以上自分の大事にしている場所や仲間を侮辱されたくないと思いました。その後は文句を言われないように、自分のバイト代でキャンプに参加することにしました。

母もきっと本心から言ったのではない、といまでは思っています。子どもたちはキャンプの感想などをくわしく親には言わないので、親にしてみればにキャンプの良い面がすぐには見えてこないかもしれませんが、本人なりにいろいろ体験しているので応援してあげてほしいと思います。キャンプや集会に行かせてあげることは、子どもたちの将来への最高の投資だと思います。

子どもたちがもしhi-b.a.の集会に来ていなかったら、いろんな悪い誘いに巻き込まれる機会も増えるだろうなと思います。よくhi-b.a.の卒業生が「高校生のときにhi-b.a.に行っていなかったらと思うと、ぞっとする。導いてくださった神さまに感謝だ」と話しています。

ぼくの場合もhi-b.a.に週に二、三回は通っていたので、母もそのうち諦めて「不良になるよりはいいか」と言っていました。

「hi-b.a.に行ってばかりで勉強しない」という声を、時々大人側から聞くことがあります。集会にたくさん通い、信仰熱心に見えても、内心がふらついている子は勉強にも身が入らず、伝道や奉仕を勉強の逃げの口実に使ってしまうときもあります。高校生という年代は自分を探している段階かもしれませんが、見ていて思うのは、信仰がほんとうにしっかりしている子は勉強もちゃんとやる、やるべきことをわかっています。

両親は、ぼくが献身するために東京基督教大学（以下、ＴＣＵ）へ入学するのも反対していました。父がその学校のパンフレットを持ってきてぼくに見せていたのに、いざ進学しようとしたら反対されたのです。好きなことをやっていいと言われていたので、まさか反対されるとは思っていませんでした。一般の大学のほうがいいんじゃないか、と言われました。

ぼくがhi-b.a.スタッフになることも、親や教会の牧師に反対されました。「なぜ牧師にならないんだ」と言うのです。ぼくはもう大人ですが、いまだにそのときのことを少し引きずっています。

個人伝道のやり方やはじめて集会に来た人とどう接するか、賛美リード、人の前に立って司会をすること、それらすべてはhi-b.a.で教えてもらったものです。

その技術を教会で使うことに、若干の抵抗がいまもあるのです。

ＴＣＵ卒業後は、別の教会のユースパスター（青少年に特化した教職者）になりました。信仰や伝道は、親や教会に認められてやるものではありませんが、卒業して三年後くらいに、ぼくが書いた文章が教会の方や親の目にとまり、その感想を聞いてはじめて「ああ、やっと親や教会に認めてもらえた、これで自分の教会に帰れるな」と思いました。高校生のころに受けた傷、影響は、ほんとうに大きいと感じます。

いまでは、両親は最大の支援者です。ぼくの名前を外で聞くとうれしそうにしているし、ぼくの仕事をよく理解してくれています。

子どもにとって、親の存在は大きいものですが、同世代の信仰の先輩たちも重要な存在です。ぼくは、「親がかならずいる教会」という中で生きてきたので、親がいないhi-b.a.という場所で、否定もせず肯定もせず話を聞いてくれた人たちがいたことが、とてもよかったと思っています。

子どもには、親の目がある程度届かない安全な場所が必要だと思います。いままでは口に出せなかったこと、心の中にしまっておかなければならなかったことを、集会でぽろぽろ言えるのがどれだけ高校生たちのガス抜きになっているか、と自分を振り返っても思います。

「よく高校生とずっといっしょにいられますね」と、子どもたちと自分が違う生き物のようにいう人がいます。メディアで取り上げられる断片的な高校生のイメージが定着しているのでしょう。残念なことに、その子たちがどうしてそうなったかまではメディアは報じません。でも、見かけが派手でヤンキーであったりしても、ものすごく気を遣っていたり、優しかったり、子どもの面倒をよく見たりする子がいます。作られたイメージだけで偏見の目を向けると、彼らにはすぐに伝わってしまいます。

スタッフになる前、ある人から「自分が苦手な高校生が来ても、この子たちはイエスさまが送ってくれたと確信し、イエスさまがそばにいるんだから恐れずに対応しなさい」と言われたことがあります。

実際、集会に暴走族の子や怖い雰囲気の子が来たこともありました。また、精神的な病気や、病気一歩手前のような子に対しては、とにかく話を聞くことと、へたに指示しないということを心がけています。こちらへの依存度が強くなって、非常識な時間にも電話をかけてくるようなことがあれば、「いま何分間だけなら話せる」とか、「この時間帯は困る」とこちらの都合もはっきり伝え、適切な距離を保つようにしています。最初に言っておけば、あとで困ることはありません。相手が異性の場合は、同性のスタッフに任せたりもします。

このような子は、だいたい家庭に問題があります。親との関係が正常でないと、神さまのことも正しく伝わりにくくなります。お父さんがアルコール依存症だったり、家庭内で暴力をふるったりしていると、「父なる神さま」と言われても「お父さんなんかいやだ」となってしまうのです。

婚前交渉の否定について話すと、「自分の親はできちゃった婚で結婚している。じゃあ自分も生まれなきゃよかった」となってしまうのです。こうした話は、大人ならある程度の人生経験で受け止められるかもしれませんが、人格形成まっただ中の高校生たちの場合は、慎重な対応を求められます。

いまhi-b.a.スタッフは既婚者が多く、キャンプに家族も参加することがあります。スタッフが子どもを抱っこしていたり、面倒を見たりしている姿を高校生も目にしています。その姿を通して、聖書が語っている結婚を何となく教えてあげられるのかなと思います。

男性スタッフたちが食べたあとのお弁当箱を洗っているのを見て、「ちゃんと洗ってるんだ」と高校生に言われたことがあります。「うちのお父さんは一回もそんなことしたことがない。お弁当箱を洗うだけでもお母さんは助かるのにってずっと思ってた」と言われました。こういうところも見られているんだな、と思いました。

家庭にトラブルの多い子がたくさんいますから、「ああいう家庭ならいいな」と高校生たちが思えるモデルになれればと思っています。

大人はどう接すればいいのか

◆困った子でも無視しないで

以前集会に来ていた子のことです。その子はお酒を飲んで、集会に来ていました。わがままを言って周りに悪態をついてましたが、翌週の集会にまたやって来て、こちらの顔色をうかがっているのがわかるのです。話を聞いてくれるのか、話しかけてくれるのか、今度も赦してくれるのか、見捨てないでくれるのか、とこちらをはかっているのです。

「この子はこういう子だ」とレッテルをこちら側が貼ってしまうと、この子はひとつ居場所を失います。無視をしない、こちらから話をしにいくことが大切だと思います。無視は、一番愛のない行為だと思えます。問題のある行動をしていても、その子は教会や集会に来ているのです。ですから、放置しておかないことが重要です。

とはいえ、こちらも人間です。話しかければ無視されたりにらまれたりで、忍耐が必要です。タバコを出して吸ってみせたりする子もいます。でも、それは強がっているだけなのです。そういうときこそ、「この子はなにか話したいんだな」「かまってほしくて仕方がないんだな」と思わされます。

たとえ相手が無言でもどんな態度でもひるまないことです。「どうしたの?」と聞いてもらえたら、だれでもうれしいものです。

◆ともかく聞くこと

まずは、高校生たちの「話を聞く」ことです。若い人と何を話していいかわからないからと、自分の話を延々と続ける人がいますが、無理に意見や答えを言わなくてもいいのです。自分が話すのではなく、相手の話を聞くことに徹するのです。自分のことを話す場合は、高校生の了解を得て、手短に話すことです。

大人の場合でも、話題のない時やはじめて会った人とは、相手の世界を知るために趣味や得意分野を聞くと会話がスムーズに運びます。こちらがその領域について知識がなくても、相手がそのことについてたくさんの引き出しをもっているのですから、何を話そうかと心配する必要はありません。

高校生の場合も同じです。その子の得意なことを聞き、その分野について質問をしていけばいいわけです。話題は高校生がもっています。それをこちらは、「へえ、そうなんだ」「すごいね」「おもしろそうだね」と聞いていけばよいのです。

そうやって高校生たちに共感し、時間や話題を共有することで、徐々に信頼関係を作っていけると思います。そうしていくうちに「この人は私の言うことを聞いてくれるんだ」と、子どもたちは相手の中に自分の居場所を感じることができるのです。

また、この人には何を言っても否定されないようだ、と安心感を与えることにもなります。話す時間は長くなくてもいいのです。十五分くらいの短い時間でも構わないと思います。

学校や友だち、日常生活、祈りの課題などを聞いているうちに、その子の家庭の事情や問題が見えてくることがあります。もし問題が見えてきたら、その問題を無理に聞き出そうとするのではなく、こちらの日常の話も少し混ぜつつ、相手の日常も聞いていくのがよいと思います。ときに、人間関係のトラブルの話などが出てくるかもしれません。

このとき大人が陥りやすいことは、問題解決を願うあまりに口出しをしたり、アドバイスをしようとすることです。しかし、この気持ちは一旦おさえておきます。

◆「心配だな」と

「人間関係がこじれて教会に行きたくないな」と高校生に言われたとします。

そのとき、「育ってきた教会なんだから、替えたらダメだよ」とは言わずに、

「ああ、教会替えたいんだー」

「いつから行きたくないの？」

「原因は何だったの？」

「ほんとうはどうしたいの？」

そして、最終的には「それがいま、一番ベストなことなの？」と聞いてみます。

だいたいの場合、それがベストだとは言いません。私はその子が混乱している状態のときは、話の中で気になった点を自分の気持ちとして伝えるようにしています。

「いま、あの人がいやだからと教会を替わっても、別の教会でもきっと同じことが起きるんじゃないかな。だからあまりおすすめできないな」と、時間をかけて丁寧に伝えるようにします。「教会を替えたらダメだよ」と簡単に言ってしまうと、その子は二度

と相談に来なくなってしまうでしょう。

これは人間関係全般に言えることですが、私たちは相手の状況や問題を深く理解せずに応答していることが案外多いのではないでしょうか。真剣に相手の話を聞くことは、ほんとうに大切なことだと思います。

かつて私が宣教ツアーでフィリピンに行ったとき、現地で売春をしている十代の女の子と話したことがありました。

「どうしてそんなことをしているの?」と聞くと、「妹の学費のためにやっている」と、その子は言いました。

すごい状況だな、と一瞬ひるみましたが、「一生これをやっていきたい?」と聞くと、その子は「一生はいやだ」と言いました。

「じゃあ、将来は何がしたいの?」と私。

「仕事をしたい」と彼女。

「いつから? チャンスを逃さず、いまから働いたら?」と言ってみました。そのときから彼女は売春をやめ、イチゴ農園で働くようになりました。

また、あるときは、タバコを吸いお酒を飲んでいる高校生に「それ、ずっとやりたいの？」と聞くと、「ずっとはねぇ……」と言います。

「別に酒やタバコが悪いと思わない」と彼が言うので、「ちょっと思ったことを言ってもいい？」と断ってから、「いまからずっと吸ってると肺にすごく負担をかけるし、歯茎は黒くなるし、息も臭くなるよ。それは心配だな。それに高いよね、タバコって。そのうちお金がなくなったら万引きするようになるかもね。心配だな」と伝えました。

そうすると、「なんか、心配だ、心配だって言われて自分も心配になってきた」と言うのです。彼はきっとタバコに火をつけるたびに、「あの人、心配してるんだ」と思うようになると思います。その子に悪いほうにいってほしくないときは、「やめなさい」という否定より、「心配だ」「ぼくは不安に思う」「それ、あんまり好きじゃないな」「それは好きだな」という言葉のほうが有効に働くと思います。

悪いことをずっと続けたい子など、ほんとうはいないのです。みんな心の中では、「こんなことしていても幸せではない」と感じていると思います。前述したフィリピンの女の子、たばこを吸っていた高校生のように、心の内を話すことで、また、だれかがそれを聞いて心配してくれているとわかるだけで、将来が変わることもあるのです。

◆「わからない」「やばい」「むかついた」には

何か聞いても高校生に「わからない」と言われてしまうときは、どうしたらいいでしょう。

「どうしたい？」という質問は枠が大きすぎます。質問の枠が広いと、だれでも答えづらいものです。ですから、枠を狭くして聞くようにしてみます。

たとえば異性とのことで悩んでいる子の場合、「どうしたいの？」と聞くのではなく、「あなたの理想の交際はどんな状態なの？」とか「何をいまから気をつけるべきなの？」という質問に変えてみます。

答えてくれない、ではなく、答えられないということもあります。的確なことを答えられない、変なことを言ってしまいそう、と恐れているときもあるし、なんと言っていいかほんとうにわからないこともあるので、こちらが質問のハードルを下げる必要もあります。

高校生はよく「やばい」「むかついた」と言いますが、やばい、と言われたら、「何がやばいの？」「どこにむかついたの？」と聞くようにしています。

「わかんない」の中に、じつは膨大な「何か」があるはずなので、「いつむかついたの?」「何について?」「人について?」「どこのだれに?」と聞きながら的を絞っていくと、その子の悩みに近づいていくはずです。

◆さえぎらない、押しつけない

「SNS上で友だちにひどいことを言われた。もうむかつくから学校に行きたくない」と、ある子が言ってきたとします。

それはいつのことかをまず聞きます。一年前の出来事なのか、一週間前のことかによって対応は全く異なります。期間により、取り扱う重みが変わってくるからです。むかつくのは、だれに? 何に対して? どういう状況の中にいるのか? だれがその子に何かをしているのか? など、聞くことはたくさんあります。

どうにもできない自分自身にむかついていることもあります。その友だちのことだけでなく、背後にいろいろな人間関係があるかもしれません。

悪い答えの例は、「そっか、いやなこと言われたんだ。でも、いやな人も愛していこうよ」などと、いきなり結論を出してしまうことです。

簡単にこのように言ってしまって大丈夫でしょうか。関わらないほうがいいような人が相手、という場合もあり得ます。そこまで極端ではなくても、少ししか聞かずにこのような結論を言ってしまうと、「正論ではそうだけど……。この人に相談しても無駄だ」と子どもたちは心を閉ざしてしまい、他のところに相談に行ってしまうのです。そしてバイトの知人、部活の友人などから見当違いのアドバイスをされ、間違った方向へ行ってしまう場合もあります。

ほかにも、心を閉ざしてしまう例は、話の途中で「でもね、こう思うんだよ」と相手の意見を遮ったり否定したりすること、自分の体験談、意見を押しつけ説得しようとすることです。このような内容は、お互いの信頼関係が生まれるまでは控えたほうがよいと思います。ただぼんやり聞けばいいということではありません。高校生たちを理解するために聞くのです。

「クリスチャンに相談してやっぱりよかった」「私の話を聞いてもらえる」「私にも居場所がある」と高校生たちが思えるようにしたいものです。

◆話を聞くポイント

●なぜその話をするのか？
●いつから思っているのか？
●どうしたいのか？
●何がわからないのか？
●何を手助けしたらいいのか？

（手助けの内容までこちらが言ってしまうと、それも押しつけになることがあります。）

◆虐待されている子に気づくには

虐待を見つけることは難しいものです。子どもは隠しますし、表面にはなかなか現れません。しかし、注意深く話を聞くこと、そこに現れるサインを見逃さなければ気がつくことができます。言葉の端々に不満があったり、疑問を感じていたり、ぽろっとこぼれるそのサインをこちらが落とさず拾うのです。

今日はどんなことがあった？　昨日のごはん何を食べた？　と聞いているとき、一人の子が「昨日はお団子がご飯だった」と言いました。「え？　お団子？」と聞き返し、「それ正直どう思ってるの？」と言うと、「いや、ありえないよね」とその子は言います。「それってはじめてのこと？」と聞くと、「いや、じつは前にも……」となり、家でまともなご飯を作ってもらっていないことがわかってきました。

また、家族の話を聞いていると、「うちの親、怒り方がちょっと……」という子がいました。「どんなふうに怒るの？」と聞いていくうちに、しつけの範囲を越えた殴られ方をしていることがわかりました。子どもは最初、だいたい親をかばっています。ですから言いたくない、言わないことも多々あります。ただ、それと同時に聞いてもらいたい、とあふれそうな感情があることも事実です。

虐待されている子の話や気持ちをとにかく聞いて、吐き出させてあげることです。すぐに解決できなくても、その子の荷が少し軽くなるでしょう。

聞くことはほんとうに重要です。大人が自分の言いたいことばかり話していたら、子どもにほんの少しのサインを出させてあげることすらできないでしょう。深刻な環境に置かれている子にとっては、聞いてくれることで生きることにつながる、聞かないことでその子を絶望に追い込むことにもつながるのです。

（川口スタッフ）

郵便はがき

恐縮ですが
切手を
おはりください

164-0001

東京都中野区中野 2-1-5

いのちのことば社

出版事業部行

ホームページアドレス　http://www.wlpm.or.jp/

お名前	フリガナ	性別	年齢	ご職業
		男・女		
ご住所	〒	Tel.　(　　　)		
所属（教団）教会名		牧師　伝道師　役員 神学生　ＣＳ教師　信徒　求道中 その他 該当の欄を○で囲んで下さい。		

アドレスをご登録下さい！

携帯電話 e-mail:

パソコン e-mail:

新刊・近刊予定、編集こぼれ話、担当者ひとりごとなど、耳より情報を随時メールマガジンでお送りいたします。お楽しみに！

ご記入いただきました情報は、貴重なご意見として、主に今後の出版計画の参考にさせていただきます。その他、「いのちのことば社個人情報保護方針（http://www.wlpm.or.jp/info/privacy/）」に基づく範囲内で、各案内の発送などに利用させていただくことがあります。

いのちのことば社＊愛読者カード

本書をお買い上げいただき、ありがとうございました。
今後の出版企画の参考にさせていただきますので、
お手数ですが、ご記入の上、ご投函をお願いいたします。

書名

お買い上げの書店名

町
市　　　　　　　　　　書店

この本を何でお知りになりましたか。

1. 広告　いのちのことば、百万人の福音、クリスチャン新聞、成長、マナ、
信徒の友、キリスト新聞、その他（　　　　　　）
2. 書店で見て　3. 小社ホームページを見て　4. 図書目録、パンフレットを見て
5. 人にすすめられて　6. 書評を見て（　　　　　　）
7. プレゼントされた　8. その他（　　　　　　）

この本についてのご感想。今後の小社出版物についてのご希望。

◆小社ホームページ、各種広告媒体などでご意見を匿名にて掲載させていただく場合がございます。

◆愛読者カードをお送り下さったことは（　ある　初めて　）
ご協力を感謝いたします。

出版情報誌　月刊「いのちのことば」1年間　1,200円（送料サービス）

キリスト教会のホットな話題を提供!（特集）
いち早く書籍の情報をお届けします！（新刊案内・書評など）

□見本誌希望　□購読希望

Mさん（社会人）

家にも学校にも居場所がなく、孤独でした。でも、そんなことを認めたくもなかった。認めたら負けだと思っていたので、だれにも相談しませんでした。

学校では先生を馬鹿にしたりしていたため、何を考えているかわからないとよく言われていました。友だちを精神的に追いつめるような意地悪もしていました。

小学校三年生のとき、母がクリスチャンになって、なかば強制的に教会に連れて行かれたのですが、つまらなくて、いつも持ってきたマンガを読んでるだけでした。その当時うちの両親の仲が悪く、家の中はケンカが絶えませんでした。父親の存在が怖くて、ぼく自身不安と緊張感をいつも抱えていました。だから学校でいやなことがあっても、先生に怒られても、家庭のことに比べたら大したことには感じなかったです。

当時のぼくの行動は、無茶苦茶で冷酷、悪いことにも無感覚で、悪いと思っていませんでした。でも、中学三年生くらいになって、このままではいけないと自分なりに思うようになったのです。そして、教会に友だちを誘うようになりました。あいかわらず礼拝も出ないで外で遊んでいたりしましたが。

ぼくの友だちは親が離婚しているひとり親の家庭の子が多く、彼らを見た母が「暗くて笑わない子たち」と言っていたのを覚えています。教会の人がドラムや楽器を買ってくれて、ぼくらは教会をたまり場にしてバンドをやったりしていました。

いま思うと、たまり場が教会とはありがたいことでした。教会がぼくたちを受け入れてくれていなかったら、別の悪い場所にたまっていたかもしれません。

高校生になってhi-b.a.を紹介され、集会に行ってみました。集会でのぼくの態度は最悪だったと思います。何を話してたか、自分ではぜんぜん覚えていませんが、人をけなしたり、見下したりすることで自分を守っていたと思います。それからhi-b.a.の集会には毎週行くようになりました。

当時のぼくには心の落ち着くところがありませんでした。でも集会に行くと、とても居心地がよかったのです。スタッフが聖書からの視点でぼくに話をしてくれました。それは、聞いていて納得できる話でした。

家では父親から「おまえは母親に似ている」と怒られ、母からは「父親にそっくりだ」と言われ、父親に似ていること、母親に似ていることが悪いなら、その二人から生まれた自分はダメだ、「おれってゴミじゃん。無価値だし、害でしかない」と思ってしまっていたのです。

いまは両親とも仲良くなりましたが、そのときは、ダメな父、ダメな母がお互い憎み合って、マイナスとマイナスから生まれた自分は悪いものでしかないよね、と母親に言ったこともあります。

そんなころ、教会に来るようになった友だちがキャンプで洗礼を受けて、礼拝に出たいというようになりました。いまでは笑い話ですが、ぼくは彼が礼拝に出ることを止めました。「礼拝って静かに、ちゃんと出ないといけないんだよ。できるの?」とかいろいろひととおり説明しました。それでも、その友人は礼拝に出ました。礼拝が終わってから「どうだった?」と聞くと、「よくわかんなかったけど、ためになった」と言っていました。その人はいま牧師になりました。

教会にたまっていたぼくの友人たちが、だんだん礼拝に出るようになっていきました。礼拝後に「どうだった？」と聞くと、みんな聞いてないようで礼拝の中の言葉を聞いているのです。みことばは人を変えます。

教会の方々や牧師が、ぼくらを見守ってくれていたことも非常に大きいです。居場所がどこにもなかったぼくらに、「教会」という安全な場所を与えてくれました。

また、ぼくらは悪気があってやっていたわけでなく、知らないでやってしまっているようなこと、たとえば礼拝に出ているときも、前列のパイプイスに足を乗せていたりしたのですが、教会の人が「イスに足を乗せてはいけないよ」とだけ注意してくれました。それを聞いてぼくらは「あ、そうなのか」と知り、足を降ろしたのです。態度が悪いとか見た目が怖いとか、そういうことでぼくらを排除しないでいてくれたのです。

そのうちにhi-b.a.の集会もみんなで行くようになりました。はたから見ると怖い集団だったようですが、そこでもみんな変わっていきました。ぼくは心が荒れすぎていて、集会の賛美のときも自分だけ座って歌わなかったりしていたのですが、それでも「ここに居ていいんだ」という安心感があったのです。

III 高校生を育てる

どうしたら信仰継承できるのか？

◆デボーションの大切さ

「子どもたちによく教え込みなさい」と聖書にはあります。教えられる期間はせいぜい四〜一四歳ごろまでと思われます。

hi-b.a. では「No Bible, no breakfast（朝ご飯前に聖書を）」と話しています。クリスチャンホームでも、親がデボーションをしていない家庭もありますが、人はデボーションの習慣がなければ、霊的にものごとを考えられないと思います。みことばからくる良い判断なのか、それとも世の中の価値基準で決めてしまうのか、霊的な判断ができなければ教会のあり方にも影響するほど、デボーションは重要なことだと思わされます。

「一日の始まりはみことばから」と教えるにはまず、教える大人側がみことばに感動して体験していく必要があるでしょう。

子どもは実によく親を見ていて、その姿勢を真似ていきます。デボーションは子どもに任せているから、という意見もありますが、大人でもデボーションを続けることは大変で難しいのですから、子どもたちにとってはなおさらのことです。家族の協力など後押しするサポートがあるとよいと思います。

デボーションの習慣化は、できれば中学生になる前にはできていると理想的です。もし、すでに中高生で、これまでデボーションをしてこなかった場合でも、子どもたちとの対話と、親の祈りの姿勢を見せていくことで不可能なことではないと思います。

◆受け継いだ信仰

教会に子どもが少なかったりすると、子どもが「教会つまらない」と言い出すこともあります。つまらないと言われて親がひるんでしまい、「じゃあ行かなくてもいいよ」と言ってしまうと、子どもはまだ考えの軸がないので簡単に欲望のほうへ走っていってしまいます。

その子のためになるのは何なのか、親が軸を作ってやり、聖書の価値観を教育の一貫として伝えていく必要があります。その考えが、あるときから子どもたちのものになると、「これでよかった」「いまも親を尊敬できる」となっていくでしょう。子どもへの信仰継承には、じつは親側のぶれない信仰が鍵なのです。

もし教会に行かなくなったら自分は良くないほうに行くだろう、こういう場所（教会）が自分には必要だ、と本人たちが思うようになれば、信仰が自分のものになっていきます。しかし、それまでの下地は親が整えておくのです。そしてある程度の年になったら自分で決めなさい、と言っていいのだと思います。

私の家は父が牧師ですが、いまでも尊敬しています。父親の姿勢を見てくることができてよかったと思っています。両親は、比較的厳しく子どもたちに指導していたと思います。

基本的には自分の娘には、あまり何も言ってきませんでしたが、娘が中学生になったとき、部活の選択は考えさせました。私たち夫婦が神さまのための仕事をしているのを娘は小さいころから見ているので、彼女にとって日曜に礼拝に行かないという選択肢はあり得なかったのではないかと思っています。

私自身、中学のとき、部活の顧問の先生に「日曜は礼拝に出る」と言ったら、「親が牧師なら仕方ないな」と言われて認められていました。けれども、一度だけ大会に出たことがあります。でも試合の間ずっと教会のことが気になり、後ろめたくて仕方がありませんでした。だからそのあとは、遠征があっても礼拝に出て、あとからひとりで電車で行ったりしていました。そういう話を娘にもしていました。

娘への信仰継承は妻の影響も大きいでしょう。私よりも、娘に接している時間が長いのですから。

私たち夫婦は、基本的に人の批判などを子どもの前では言わないようにしてきました。妻も私の悪口を娘には言わないでいてくれたと思います。

クリスチャンのお母さんがお父さんの悪口を言い続けている家庭がありました。子どもたちは、小さいときはお母さんの言葉を鵜呑みにしていても、高校生くらいになったら公平に見ることができるようになります。「あれ、思っていたよりお父さんは悪くない」とわかりはじめ、小さいころから自分を洗脳してきた母親が赦せない、とお母さんに反撃するようになりました。そして、その母親が信仰している神など信じない、とキリスト教から離れてしまった子もいます。

親がほんとうに信仰に立って生きているかどうかわからなかったり、また、どっちつかずの信仰を親が送っていたりするのを見ると、子どもは混乱します。信仰はその人の生き方を表すものですから、お腹がすいたらレストランに行くという感じで、ちょっと困ったら教会に行くというような親の姿を子どもは見抜きます。

子どもが教会に行くようになってほしいなら自分が行く、子どもにお祈りしてほしいなら自分が熱心に祈る、これに尽きると思います。子どもに信仰を継承したいなら親が心から神を信じ、従う決意が必要だと思うのです。

◆父からの信仰継承

私の父は高校を卒業してすぐ宣教師といっしょに伝道活動し、結婚後、苦労しながら神学校に行きました。そして、その親の信仰がそのまま私の信仰継承になっていきました。父の神さまを第一にしている姿は、最大の見本だったと思います。

両親から、貧しい中祈ったら食べ物が与えられたなど、神さまにほんとうに信頼してやってきたんだな、と思わされる話をよく聞きました。

これは想像ですが、礼拝第一で生きてきた父にとって一番つらかったのは、十八年前にガンになったとき、教会に行けないことだったのではと思います。

父が朝、聖書を読んでいる姿をよく見ました。気がついたらいつも聖書を読んでいて、私が大きくなってからも、その姿をよく見ました。

私は中学三年生のときに参加したキャンプで、献身の招きに応えられませんでした。なんで手をあげられなかったんだろう、とあとで悩みました。

それまで将来について考えたことがありませんでした。自分は何をしたいんだろうと改めて考えてみると、神さまのために生涯をささげることは当たり前だなと思わされました。

それ以降、どこかに就職して働こうと思わなくなり、高校を卒業してすぐTCC（東京基督教短期大学）に入りました。生涯を神さまにささげている父の姿を見て、すごい仕事だと思っていたので、他のことに魅力を感じなかったのです。

◆受験期に試される親の信仰

子どもが大学受験のときは親の信仰がぶれる時期です。

子どもの将来を心配するのもわかりますが、その子にとって偏差値の高い学校に入ることが、ほんとうの幸せな将来につながるのでしょうか。第一希望に入った、第二希望に入ったということはじつはあまり関係がなく、行った先の学校で子どもが神さまとどうつながっていけるかが、その子の幸せにもつながると思うのです。

神さまから離れてしまったら、幸せも離れてしまいます。もう少しがんばれば良い学校に入れるから、いまは受験に専念して塾に行きなさい、模試を受けなさいと言ってしまうと、自己中心の結果が出ることになります。親が自分の果たせなかった期待を子に負わせてしまうのも自己中心です。

大変で苦しい受験期にこそ、どういう生活をしたかが子どものその後を大きく左右すると思うのです。自分ががんばったから大学に入れたのではなく、神さまを第一として受験を乗り越えた、神さまがこの学校に入学させてくれた、この学校に遣わされたと思いながら大学時代を過ごす意義は大きいでしょう。

学歴が社会での成功につながるのでしょうか。私は、その人が神さまと誠実に歩んだことが成功につながると思うのです。

子どもにとって、何がほんとうの幸せかを、親はいま一度、考える必要があるのではないかと思わされます。

世の中はますます便利になり、スカイプの礼拝でもいい、今日は出かけないといけないから礼拝を録画しておこう、と礼拝も自分本位になってしまうおそれがあります。病気などで動けない人には良い活用法ですが、礼拝に行くことができるのに便利で簡単な方法をとっていくことはどうなのでしょう。
大人たちの礼拝に対する姿勢も、子どもたちへの信仰継承につながっていくと言えます。

（中村克哉スタッフ）

高校生の訓練

◆教理を教える

私たちは、高校生たちが信仰の自立ができるように導いていく必要があると思っています。そこで集会などでは、スタッフが教理の学びを年間を通じて導いています。クリスチャンホームで幼いころから教会に通っている子が、これは当然知っているだろう、と思うようなことを知らないことがあります。

たとえば、「イエスさまの上に父なる神さまがいるんでしょ？」などと聞かれることがあります。この子は三位一体について、だれからも教わっていないのです。キリスト教について正しい教理理解をもっていないと、新興宗教の人などから親切にされたとき、「ちょっと違うけど、まあいいか」と簡単にキリスト教から離れてしまう場合があります。

教理を理解していないと、せっかくみことばの糧をいただいても、正しく食べることができず栄養になりません。しかし正しい知識をもっていればメッセージもより理解でき、その子の力になります。

「イエスの御名によって祈ります」という言葉がありますが、なぜイエスの御名によってなの？　と聞かれたとき、正しく答えられるでしょうか。

私たちはイエスさまの御名を通して天の父なる神に祈ります。罪の壁をイエスさまが打ち砕かれたのですから、私たちはイエスの御名を通していつでもどこでも祈れるのです。

ですから、「天にいます我らの父よ」と直で父に祈ることができるのだ、と教えます。時には主の祈りについて詳しく学ぶこともあります。御名の権威に立って祈っているのか、しっかりと悔い改めているのか、示されたみことばに立っているか、熱心に祈り続けているのかなどを聞くようにしています。

使徒の働き一七章一一節の、「ここのユダヤ人は、テサロニケにいる者たちより良い人たちで、非常に熱心にみことばを聞き、はたしてそのとおりかどうかと毎日聖書を調べた」という姿は理想的です。

「あなたがたがわたしにとどまり、わたしのことばがあなたがたにとどまるなら、何でもあなたがたのほしいものを求めなさい。そうすれば、あなたがたのためにそれがかなえられます。」

（ヨハネ一五・七）

みことばが自分の中にとどまることで祈りがかなうとありますから、高校生たちに聖句を憶えていくことを勧めています。

自分のフィルターではなく、みことばのフィルターをかけて教理を学び、異端を見分ける訓練を高校生のときから鍛えていければと思います。

この項にあげるそれぞれのトピックを見ていくことで、高校生はこんなことを考えているんだ、また、こんなことを知らないんだ、とみなさんにも知っていただき、教会でも教えてくださると幸いです。

◆洗礼

洗礼について、さまざまな誤解をもっている子は案外多いものです。驚くような理由で洗礼を受けていない子もいます。ですから、キャンプのときは毎回洗礼についての分級をもつことにしています。

高校生の中には、「信仰をもっているから洗礼を受けなくてもいい」「良いクリスチャンじゃないと洗礼を受けてはいけないんだ」と本気で思っている子がいます。

良い人間になるから洗礼を受けるのではないということ、「心に信じて義と認められる」（ローマ一〇・一〇）とあるように、信じれば天に国籍は与えられますが、信じたことを公にする洗礼は、神さまに喜ばれるものです。

このことをよく理解してもらうために、「ぼくが結婚式を挙げずに妻と入籍だけしたとすると、それを聞いた人は、『あれ、どうして結婚式をしないんだろう、訳ありなのかな？』と思いませんか。それと同じように、神さまにも、この世に対しても、信じていることを公にすることが洗礼の意義です。どうしたら神さまが一番喜ばれるかを考えてみましょう」などと説明しています。

周囲の人たちからいろいろなハードルを作られて、洗礼準備会に行けない子がいます。教会の人たちから、「洗礼そろそろだよね」「次はあなたよね」という期待の言葉を言われて焦ってしまったり、また反対に「洗礼はまだまだだね」と言われて迷ってしまう子もいます。

日々洗礼のプレッシャーを感じていて、「キャンプに行ったら洗礼受けなさいと言われるかも。だから行きたくない」と言い出す子もいます。「洗礼を受けたら、あれもこれもやらないといけないかも」と構えている子もいます。

私は洗礼を受けていない子には、どうして受けないか理由を聞いてみるようにしています。すると「ただ、なんとなく受けてない」という子が案外いるのです。驚いてしまいますが、どうやって受けたらいいのか手続きがわからないというのです。

またほかにも、洗礼を受けない理由に、一生信じ続けることができるかどうかわからないから、と話す子もいます。そんなときは、「信仰は一日一日。私だって自信ないけど、今日このとき、信じる気持ちがあればいいんじゃない。いましっかりと信じることができれば、将来も神さまとともに歩むことができるでしょう」とアドバイスをしています。

自分が神を信じているかどうかがはっきりしない子、考えすぎてわからなくなっている子もいます。そういうときは「あなたにとってイエスさまの十字架は必要ですか？

必要ではないですか？」と聞いて、「必要だ」と言えば、「受ける資格があるんじゃないですか」と言うようにしています。自分にとってイエスさまが必要かどうかは信仰告白だと思うからです。

使徒の働き八章に出てくるエチオピアの宦官は、ピリポに伝道されてイエスさまを信じ、そばの水たまりで洗礼を受けます。信じたら洗礼を受けていいのですから、少し手助けしてあげれば高校生たちもすぐに洗礼まで導かれるのではないでしょうか。

このように洗礼について誤解している場合があるので、教会でも定期的に説明する機会があればいいと思います。

◆礼拝に出席すること

信仰があれば教会に行かなくてもいいじゃないか、ひとりで家で礼拝してもいいではないか、と言う子もいます。そういう子に「なぜ礼拝に来ないのか」と言ってしまうと、余計来なくなってしまう場合があります。まずは集まることの大切さを説くようにしています。

聖書には、「ある人々のように、いっしょに集まることをやめたりしないで、かえって励まし合い、かの日が近づいているのを見て、ますますそうしようではありませんか」（ヘブル一〇・二五）とあります。礼拝に出るのがいいか悪いかという人の判断ではなく、神さまが喜ばれることをするのが私たちなのだ、と教えています。

また、「なぜ集まるのか？」の問いには、「キリストのことばを、あなたがたのうちに豊かに住まわせ、知恵を尽くして互いに教え、互いに戒め……」（コロサイ三・一六）とあるように、私たちは互いに教えたり、戒めたりすることができますし、礼拝とは神をほめたたえるものなので、自分のためにだけ集まるのではない、と教えています。

私たちが礼拝に出席することで、クリスチャン同士の関係が生まれます。互いに愛し合うと神の栄光があらわれる、と聖書に書いてあります。

「もし互いの間に愛があるなら、それによってあなたがたがわたしの弟子であることを、すべての人が認めるのです。」
（ヨハネ一三・三五）

人が集まり、良い交流が生まれることで神を知ることができるし、これはまた、人々への伝道にもつながるのです。

教会はキリストをかしらとする共同体《からだ》で、私たちはその各器官です。毎週の礼拝をささげる中で、お互いの機能を確認できます。

もし私たちがひとりで礼拝をささげていたら自分中心の礼拝方法になり、神さまとのつながりがぶれていく恐れがあると思います。私たちは一週間世の中で暮らしているだけでも、ぶれが生まれます。そのぶれを礼拝に行って修正し、また世の中に送り出されます。

ひとりでその作業をするには人はあまりに弱い存在なのだ、ということも高校生たちには伝えるようにしています。

そしてまた、教会に仕える大切さを話すとき、人それぞれ、偶然にその教会に置かれているわけではないこと、よほどの事情がないかぎり、簡単に教会を替えないように、また、hi-b.a. のイベントが教会の行事と重なるときは教会優先にしてください、と伝えています。ただ、強制しすぎるのもよくないと思いますから、「友だちの教会のイベントに行ってみたいけど」と言う子に対し、ダメとは言いません。牧師とよく相談してから行くことを勧めています。

◆献身

献身についても、高校生には誤解が多いようです。私たちはクリスチャンになったらだれもが広い意味での献身者です。クリスチャンはいつでもどこにいても、礼拝をささげることが献身になります。

しかし、「救われただけだから献身者じゃありません」と考えている子がいます。学校にいるときはクリスチャンのスイッチはオフ、日曜はスイッチオン、ではなく、クリスチャンはいつでもスイッチオンであり、さまざまなところに遣わされている献身者だ、と高校生たちには教えています。

ですから神学生や牧師、宣教師という人たちだけが伝道や奉仕をするのではないということも伝えます。これなくしては、信仰の自立ができません。それは神さまのみわざを体験できるチャンスをなくすことにもなります。

一〇〇パーセント神に仕えていけば、恵みのほうが多いはずです。こうした学びが抜けていると奉仕をやらされている感が強くなり、「私たちだけが奉仕をしている」「もっとあなたもやってよ」など、さばき合うことにもなりかねません。

◆伝道

すべてのクリスチャンには大宣教命令が出されています。私たちは高校生に「伝道しよう」とよく話します。そのせいでしょうか、集会に来ている高校生の伝道への意識は高いほうだと思います。

でも、全員がそのように認識しているとはかぎりません。「洗礼受けてないし」「伝道は自分の役目じゃないし」「私はこの奉仕で終わりだし」とならないように指導します。神さまを信じて伝道することは、祝福と喜びを受けることです。さらに神さまをよく知ることができます。

キャンプなどで、集会に来ているレギュラーの高校生たちが、新しく参加した子に対し聖書のことを教えたりデボーションを導いたり、洗礼を勧めたりします。しかし、このようなことは教理の学びをしていないとできません。学んでいないと、ノンクリスチャンの子に「洗礼受けるなら良い人になってからね」など、間違ったことを教えてしまうこともあります。

ボランティアや夏期伝道のチームに入ってみることも良い経験になります。フルタイムの伝道師たちの苦労などを体験することができ、トラクト一枚配ることがこんなに大変なのかとわかるのです。

さらに、このような奉仕を一部の人に任せっぱなしでいいのか、と考え直す時にもなるでしょう。

また、この人に福音を伝えるのか、伝えないのか、という決断を迫られたとき、明確に神さまを選ぶことを学ぶ、良い訓練の場にもなることでしょう。

それと同時に、「世界の中に置かれている私たち」を教えるようにしています。世界ではどんなことが起こっているのか、対岸の火事にならないように世界情勢を考えることは大切なことです。大宣教命令は、すべての人に福音を宣べ伝えよ、と出されました。そして、そのために働く「すべての聖徒のために、忍耐の限りを尽くし、また祈りなさい」（エペソ六・一八）と聖書は勧めています。

国境なき医師団、国際飢餓対策機構、また世界で活動しているクリスチャンや、迫害下にあるクリスチャンたちのために、情勢を知ったうえで祈る必要があることを高校生たちにも話しています。

◆日本の慣習・宗教行事

日本の習慣、行事、占いなどについて、高校生には定期的に教える必要があります。日本は悪霊を呼び寄せる力に満ちあふれています。どこへ行っても神社の鳥居があり、道祖神があり、テレビでは毎朝、今日のラッキーカラーを告げています。

高校生には、「私はこう考えて〜をしないようにしている」と伝えています。たとえば、葬儀の焼香などは事前に遺族の方に、「自分はクリスチャンなので焼香はせず、祈ることをさせてください、みなさんの慰めのために神さまに祈っています、と言うようにしているんだ」と話します。

現代の様々な慣習・行事にクリスチャンとしてどう関わるかにおいては、知恵が必要です。大人でさえ難しい問題ですから、その具体的な策を教えてあげなければと思います。

（川口スタッフ）

聖書のいう結婚、男女交際

◆教会でも低下する性モラル

社会の性モラルの低下は、この先も増大していくと思います。援助交際は周知の事実となっていますし、ノンクリスチャンの人たちは「どうして結婚前に肉体関係を持ってはいけないの」と思っています。

このような時代だからこそ、子どもたちに正しく聖書に基づいた考え、結婚観を伝えることが必要になります。これはノンクリスチャンにかぎらず、クリスチャンやクリスチャンホームで育った子たちにも教えていく必要があるのです。

高校時代は多感な時期であり、異性に非常に興味をもつ年代です。男女間のことはきちんと教えておかなければならないはずですが、教会では言いづらい、いままで話してこなかったという大人もいるでしょう。

「教会で男女関係のことを教えられなかった」「姦淫しちゃいけないなんて知らなかった」という子が多いことに驚かされます。

大人の側は「そんなことわかっているだろう」と思いがちですが、意外に基本的なことを知らないのです。

高校生の中には積極的な子もいて、すぐ肉体関係に走ってしまうことがあります。ですから、中学生のころから話しておかないといけないことだと思います。

あるクリスチャン高校生に対するアンケートで、七割の子が「つきあったらキスしてもいいだろう」と答えたそうです。クリスチャンの若い人の中には、教会の奉仕をしっかりと行っていても、たくさんの異性と肉体関係をもっているという子もいました。

家庭や教会で、あらためてその話題に触れることは難しいかもしれませんが、子どもたちの将来や体のことを大切に考えるならば、定期的に教えていく必要があると思うのです。

そのためには、いつでもそのことを話していい雰囲気や空間が必要になります。話を聞くうえで気をつけなければならないことは、それは悪いことだ、聖書的でない、などと頭ごなしに言うことです。そうすると、その子は二度と相談に来なくなってしまうでしょう。まず、相手の話をよく聞いて解決に導いていけたらと願います。

◆同性愛や離婚のことも聖書から

高校生たちは社会の動きの中に挟まれており、社会全体の性に対する混乱の中にも置かれています。たとえば、同性愛の問題などをクリスチャンとしてどう考えたらいいのか、と戸惑います。高校生たちが社会の中で迷ってしまわないように、これらの問題、たとえば同性愛者同士の結婚が認められたニュースなどを聖書的にどう考えるのか、語っておく必要性が大人にはあると思います。

集会やキャンプに来る高校生の中にも一部ですが、同性愛者が男女問わず存在します。「私は性同一性障害という病気なのだから」と言い切ってしまう人もいますし、「私の外側は男、中身は女として神さまは造った」と言う人もいます。そういう人たちを差別しないこと、と高校生たちには話しています。どんな人も愛すべき兄弟姉妹です。

現代は離婚をする人も増えました。クリスチャンの場合でも例外ではありませんし、hi-b.a.に来る高校生たちの家庭でも離婚した人たちがいます。その人たちに配慮しつつ、しかし「神が結び合わせたものを引き離してはなりません」（マルコ一〇・九）というみことばの原則を高校生たちには伝えます。

聖書からの言葉を伝えずに「仕方がない」「それもありだよね」と言ってしまうことが、一生その人の疑問になりかねないのです。

◆本人たちで考える

このような問題を話し合う場合、まず「聖書は何と語っていると思う?」と投げかけてみます。みんなで聖書を開いてみことばに聞き、それからリスクを説明します。

婚前交渉の場合、性病や妊娠、また精神的な影響などです。将来、結婚したとき、過去の肉体関係が心の中で障害になる場合があります。

そのようなことを知ったうえでどうしたいか、どうしていくことが自分たちを大切にできるか、誘惑から守られるためにいま必要な行動はどういうものか、などを自分たちで考えてもらいます。

またディスカッション※で、みんなで意見を出し合うというやり方もあります。高校生は同年代の影響を大きく受けます。大人の側から話しにくい話題でも、本人たち同士なら話し合うことができたり、意見を交換したりするうちに自分で気づいていくことができるのです。

だれかに言われたから、ではなく、自分たちで気づくことには説得力があります。たとえば女子の服装について「こういう服は良くない」とか「露出の多いキャミソールはやめよう」などいろいろな意見が出ます。「どうしてそういう服がダメなの?」と聞くと、「誘惑のきっかけになるから」と本人たちから答えが出てくるのです。

このディスカッションの中で、「ノンクリスチャンとつきあうのはだめなの?」と質問が出てきたら、「そのことについてどう思いますか?」と聞き返します。

ノンクリスチャンとつきあうことでどんな利点、またリスクがあるか、具体的に私たちはどう考えたらいいんだろうかなど、十人いれば十人なりの意見があるので、自分に合う答えを見つけていってもらうのです。

よく、男女交際について、「どこまでなら相手の体に触ってもいいのか」という質問をされることもあります。この質問は、相手の体に触ることが前提としてあり、ある程度ならいいのだろう、という考えが含まれていると思います。こうした考えのままですと、罪を犯す危険が高いと思われます。

「誘惑はどの辺までなら安全なのか」ではなく、「誘惑には近づかない。むしろ神に近づく」ことが安全なのです。ですから、どうすることが誘惑から守られ、神さまに喜ばれるのか本人たちに気づかせたいのです。聖書に「男が女に触れないことは良いことです」（Ⅰコリント七・一）と書いてあることも示します。

そのディスカッションのあと、異性と交際をやめた子が数名いました。ディスカッションを通じて、自分で「交際はやめたほうがいいな」と気づき選択したのだと思います。おそらく、大人が頭ごなしに「男女交際はダメだ。別れなさい」と言ってもやめなかったと思います。

「ノンクリスチャンとつきあうのはダメなの？」と以前も質問してきた子が、もう一度聞きにきました。

私は、「もう心の中で答えが出てるんでしょ？　つきあい続けていることに平安がもてないから話に来たんですよね？」と言いました。後日、その子も交際をやめたと聞いています。

それでも交際する、という場合は次のことを言うようにしています。

●婚前交渉はしない

●異性との距離のもち方を気をつける。たとえ祈るときでも距離に気をつけること、密室で二人きりで祈らないこと。

◆四つのサイン

つきあっている人には、その交際は結婚を前提に考えているのかなどを本人に問います。仮に結婚前提でも、リスクがあることを伝えます。

そして次の四つのサインが必要だと話します。そのサインが整っていても交際はうまくいかないことが多いのだ、ということも重ねて伝えます。

●お互いありのままでいられるのか。

●他の人から見て、その関係は安心できるものなのか。

●お互いのビジョン、生きる方向が一致しているのか。

●経済的自立を視野に入れているか。

つきあう相手が変わると、口調やファッションが変わる人がいますが、自分はいまの人とつきあっていても本来の自分でいられるのか、などを確認する必要があります。そして、周りから見てその関係は平安なのか。結婚している先輩に客観的に見てもらったりするとよいでしょう。

たとえ、クリスチャン同士でも、たとえば自分は海外に宣教師として行きたいけれど、相手はそのような希望がない、ではビジョンの一致にはなりません。

高校生では、この四つのことを満たしているカップルは、ほとんどいないと言えるでしょう。一対一でつきあいはじめると真実が見えにくくなりますから、集団の中で相手がどんな人か見極めていけばいいのでは、と話すようにしています。

集団の中にいると、人気のある子にはいい顔をして、そうでない子には適当な態度をとっているとか、男子がいるといい顔をするけれど、女子だけになると他の子の悪口ばかり言うなど、その人の真実が見えてくることもあります。

また、異性から注目されたい、どう見られているかとても気になるという子には、そう考えてしまう原因があるものです。

いままであまり人から注目されなかった、受け入れられてこなかった、強いコンプレックスがある、虐待を受けていたり、家庭に居場所がなかったり、いじめられていた子ほど、異性に認めてもらいたがる傾向があるのです。そして、そういう子たち同士つきあうことが多いのですが、共依存関係になる可能性があります。

また、異性の友人が聞きたいというので、クリスチャンとして自分の証しをしている、伝道やお互いの信仰成長のためだ、ともっともらしいことを言う子もいます。しかし、「純粋にそれだけの気持ちなの？　誘惑に陥る危険性はないと言えるの？」と聞くと、口ごもってしまう場合があります。

子どもたちのこうした話を遮らず、よく聞いてくれる存在が必要です。そして、「この人は正しいほうへ導いてくれる」と思われるように聞くことです。自分の意見を言うのではなく、聞くことが前提です。

高校生たちは思わずぎょっとするようなことも言うときがありますが、聞いている側はそれを顔に出さず、「そういうこともあるんですね」と受け止める態度を取り続けていくようにします。

あるスタッフが神学生のとき、キャンプのカウンセラーとして奉仕しました。一人の男子がある女子と肉体関係をもっていることを自慢げに話しているのを聞いて、「そういうのは良くない、聖書にはこう書いてある」と厳しく言いました。

スタッフとその男子は昔からの知り合いで可愛い後輩でしたが、あとでその子が「あいつは神学校に行って変わってしまった。あいつが言ってるような聖人みたいになれるわけがない」と話していたそうです。

それを聞いてアプローチを間違ってしまったと思いました。どうして体の関係をもつようになったのか経緯も聞かず、覚えたての正論を押しつけてしまったと反省した、といいます。


（川口スタッフ）

※ディスカッションの方法

三人くらいのグループに分けると意見を出しやすいでしょう。模範解答はない、何でも発言していい、とはじめにハードルを下げておくことも大事です。

高校生たちには、同世代からバカにされたくないという気持ちがあります。「こんなこと言ったらどう思われるか」「恥ずかしい」など人の目が気になる年ごろです。友だちだけでなく、大人の目を気にする子もいますから、こちら側はグループ分けに配慮し、発言しやすいよう、ある程度お膳立てしてあげることも必要です。

決めつけない、相手の意見を否定しすぎないなど、ディスカッションのルールも入れながら、するべきこと、してはいけないこと、神さまの喜ばれることを考えてくださいと言うと、たくさんの意見が出てきます。

Kさん（大学生）

はじめは母だけがクリスチャン、あとで家族みんな教会に行くようになり、私は赤ちゃんのときから教会に行っています。

hi-b.a.には高校二年の夏キャンプから参加するようになりました。人見知りではじめははじっこで固まっていました。衝撃的だったのは夜の集会です。同じ高校生なのに、こんな熱いクリスチャンがいるのだとびっくりしました。

賛美も体いっぱいで表現して、ふつうの礼拝では静かなものしか知らなかったから、最終日までみんなと楽しめました。

キャンプのあと、学校の友人から「つきあいたい」「彼氏がほしい」と相談され、キャンプで男女交際について学んだことを少しずつ伝えました。自分のビジョンを明確にするとか、一度関係をもつと別れてから気まずいよとか、次の人と比べてしまうよ、などと話しましたが、「それじゃあ、いつまでたってもだれともつきあえないよ」と言われてしまい、価値観の違いを感じました。

友だちの中には、つきあって一週間くらいで別れてしまう子もいるし、つきあうとすぐ肉体関係をもってしまう子もいました。そういう子には、友だちの中で陰口を言い、その子からみんな離れていきました。私は見かねて「体を大事にしなよ」とその子に言ったことがあります。

私は、いままであまり男の子とつきあいたいとか思わなかったのですが、そのころいいなと思っている子がいました。部活を一生懸命やっていてしっかりしてるように見えたのですが、タバコ吸ってるのを見て一気に冷めてしまいました。

みんなといるときのほうが、その人のことがよくわかると思います。この人しっかりしてるな、とか良い人だなとか見えてきます。

キャンプに行かなければ、男女交際のことはよくわかっていませんでした。教会でもこの件については聞いたことがありませんでした。キャンプに行ってはじめて、考えるようになりました。知らなかったのにいままでよく守られてきたなと思いました。

賛美のありかた

中高生は賛美が好きです。hi-b.a. でもたくさんの賛美を昔から歌ってきました。言葉でうまく表せなくても、歌や楽器でなら表現しやすいこともあるからでしょう。

賛美と一口にいっても、いろいろなスタイルの賛美がありますが、賛美の基本は神さまに向かって歌うこと、自分が気分よく歌うのではなく、神さまを賛美にお招きする気持ちで歌おうと高校生には伝えています。

倒れたり転がったりなど、著しく場の和を乱す状態であれば注意しますが、賛美のスタイルは基本的には自由です。ただし、ひとりなら歌いながら叫んだりしてもいいかもしれませんが、神さまを拝する、たたえるという意識は常にもってほしいと思います。

hi-b.a. では『hi-b.a. ソング』という歌集を使います。これは著作権の許諾を得てあるもの、また hi-b.a. で審査して選んだ福音的な内容の歌が掲載されています。

賛美の中には、歌う前に内容の説明をしないといけないものなどもあります。「福音的」ではなく「福音っぽい」ものもあり、時と場合によっては、これは歌わないほうがいいかなと判断する曲もあります。

賛美をするときは、みことばに裏づけされた歌を歌いたいと考えています。

賛美の種類には、大きく考えて、以下のようなものがあると思います。

- みことばがそのまま賛美になっているもの
- 神さまを賛美するもの
- 証しする賛美
- 応答の賛美
- 信仰の戦いを表す賛美

この世で福音宣教していくとき、クリスチャンには霊的な戦いがあります。旧約の時代は戦いに出向くとき、部隊の最前列で賛美隊が歌いました（Ⅱ歴代二〇・二一、二二）。私たちも戦いに出て行くときには賛美を用いてよいのです。そして旧約聖書に書かれているように、賛美して臨むと戦いに勝っていきます。賛美のうちに主が住まわれる、主が臨在していることがすべての勝利につながっていくのです。

聖書には、「神の聖所で、神をほめたたえよ」とあります（詩篇一五〇・一）。私たちは神をほめたたえることを求められています。それが賛美でもあります。

ノンクリスチャンの子が集会やキャンプに来たとき、なぜこの人たちはこんなに歌うのだろう、と不思議に思うことがあるようです。喜んで賛美している姿を見せることで、神さまをほめたたえるという姿勢をノンクリスチャンの子たちに示していることにもなります。

◆不思議な力

賛美には力があります。アドバイスを受けてもどうしていいかわからない問題、自分で整理できない問題、解決が見えない問題も、賛美をしているうちに自然と霊的な理解が深まることがあります。

集会やキャンプで、「聖書もよくわからないけど、歌を通して心に神が働きかけてきた」という子もいます。歌詞の中にみことばがあれば、その言葉が生きて響いたりもするでしょう。

ある集会で私は最前列でいっしょに賛美していたのですが、高校生たちが一心に「ただ主に、ただ主に」と歌っている声を聞いているうち涙が止まらなくなってしまったことがありました。

私はそのとき高校生たちのいろいろな苦労を知っていましたので、そんな状況でも〝ただ主に従っていこう〟と歌っているのを聞いて、とても心が動かされたのです。

そのように、賛美とは大きな力をもっているのです。

◆神さまのために歌う

感情的に曲に酔ってしまうようなことを防ぐため、歌う前に「この曲の歌詞の意味を考えながら歌ってください」とひと言添えたり、高校生が泣いているときなどは、あとで「いまどんな気持ちでいるの」と聞くようにするときがあります。

感情は私たち人間の特徴でもあります。

ふつうのテンションでは伝わらないことも泣きながら訴えたら、「ああ、そんなに悲しいんだ」とわかる場合もあるでしょう。ですから、神さまとの関係において感情的になってもいいのですが、感情があふれ出ている場合でも、神さまを第一にしているか、ほめたたえているかを確認したいところです。

賛美の奉仕において、はじめはみんな賛美リードをやりたがります。けれどもやるにつれて、リーダーは神さまと会衆のかべになってはいけないなど、じつは大変な責任があることにだんだん気づいていくようです。

賛美リーダーには、参加者の誘導の仕方を学んでもらう必要もあります。たとえばみんなが興奮しすぎているようなら、落ち着かせるために少し座らせて歌うなど、その場を見て対処する臨機応変な判断力が要求されます。

真のリーダーは神さまであり聖霊です。賛美のリーダーは、参加者の心が神さまに向かうための手助けとなるようにと教えます。

リーダーを選ぶ基準は、ある程度の技術も必要ですが、一番の大きなポイントは信仰の状態で、従順でへりくだっている人が望ましいのです。

リーダーの霊的な状態は、賛美の会場に影響を及ぼします。口では神に栄光を帰す、と言っていても、その人のほんとうの霊的な状態は表に現れてしまうものです。いっしょに行動したり、何かを頼んだときの対応などでもその人の内実はわかっていきます。

また、歌う人や演奏する人は自己顕示欲に注意する必要があります。

「会衆賛美はぼくらが目立つためのものではない。神さまのわざ、神の栄光が前に出るようにしよう」そう教えていくと、高校生たちはだんだんと理解していくようです。賛美チームはこうしたことを定期的に確認する学びの時があるとよいでしょう。

◆それぞれを認め合う

教会や集会では一人ひとり、違う人が集まっています。性格も意見もそれぞれ違いますが、賛美するときは一堂に会して同じ歌を歌います。みんなが一つになれる瞬間です。この世における戦いの中で、賛美は団結していく戦力の中心になり得るものですし、またその賛美の中心に神がいて、助けてくださるものです。高校生たちに hi-b.a. で賛美の喜びを体験してもらい、日常に生かしてほしいと願っています。

最近では、最新機器を使った見せ方をしていく賛美ライブなどもありますが、激しさやインパクト、会場の設備の豪華さなどで評価することは、賛美の本来の意味を見失う可能性があります。

私は元気なライブも大好きですが、でも、とても思い出に残っているのは、段ボールに歌詞が書いてあって、生ギター一本だけの伴奏だったキャンプでの賛美です。

アカペラのみのアフリカの賛美も良かったし、最近では賛美にダンスを取り入れているサインダンスをやる教会もあります。高校生にもいろいろな賛美を体験してほしいと思います。

賛美は教会や集会の場だけで歌うものではありません。ひとりでも歌えるし、仮に声が出なくても、神をほめたたえることができます。

祈りと賛美とみことばは、伝道の三本柱です。忙しくなると見失いがちなものでもありますが、どれが欠けても不十分です。

私たちは、集団の中だけの信仰を育ててはいけないと思っています。みんなで歌わないと信仰が感じられない、hi-b.a. の集会に来ないと信仰が続かない、ということではほんとうの信仰をもったと言えないのでは、と思うからです。

キャンプでにぎやかに賛美し、帰ってから自分の教会の静かな賛美では満足できない、ということでは困ります。こういう子は、自分が良かったかどうかを基準にして賛美の良し悪しを決めてしまっているように見えます。

それは「hi-b.a. のみんなといるときの神さま」と「教会の神さま」を分けて考えてしまうことにつながるかもしれません。キャンプでの賛美は良かった、教会の賛美はつまらない、などと教会でつい言ってしまう子がいるかもしれませんが、生意気だと叱るのではなく、「じゃあ、その曲を今度歌ってみようか」などと、その気持ちをうまくくみあげてあげると、その子にも教会にとってもプラスの方向へ向かうのではないかと思います。

こうあるべき、という思い込みは事態を良い方向へ導かないことが多いものです。賛美についても同じです。高校生にも、賛美はこうあるべきだ、と型を設定してさばき合ったりしないようにと指導しています。

賛美のときのスタイルも手をあげていてもいいし、あげなくてもいいのです。静かに賛美したい人もいるし、盛り上がりたい人もいます。お互いのやり方を認め合うように、とも話しています。

（川口スタッフ・丸山スタッフ）

キャンプの特徴と価値

◆日常から離れて

高校生たちはふだん、勉強、部活、アルバイト、また友だちや親との人間関係に悩んだりと頭の中がいっぱいです。hi-b.a. などで常に神さまのことを考えることを教えられますが、日常では実行できないでいる子もいます。

キャンプは、忙しい生活や様々な人間関係から解放され、また一日中キリストと交わり神さま中心の生活ができる場です。彼らには、学校というほぼ一〇〇パーセント未信者の中にふだん遣わされ、戦いや誘惑がたくさんあります。それがキャンプだと、周りの多くがクリスチャン、神さまに従うことを喜んでもらえるという状況に置かれます。

祈られて準備されてきたキャンプにいられることも祝福ですし、ストレスなく神中心の場にいることを素直にうれしい、楽しいと感じることもできます。神の形に似せて造

られた私たちが、神と交わるものとして造られていることを気兼ねなく体感することもできるのです。

キャンプでは、たくさん賛美し、たくさん祈ります。高校生たちにもっとも人気のあるものが、夜のメッセージのあとの「語り合い」という時間です。約一時間半、一対一の同性で、高校生同士、高校生とカウンセラーなど、話す相手の組み合わせは毎回変わります。一時間半あっても時間が足りない、もっと話したいという声が参加者たちからあがります。何をそんなに話しているのか、不思議に思われるでしょうが、メッセージや信仰についてなどの真面目な話をしています。

いつも集会に来ている高校生たちは、その時間をほんとうに楽しみにしています。その時間に期待をしている子も多く、クリスチャンの高校生は未信者の子に伝道する場合もあります。前もって未信者の子と話そうと予約をとったりしている光景も見かけます。

私たちスタッフやカウンセラーもこの時間を大切にしています。語り合いはキャンプの大事な要素のひとつです。高校生の多くはしゃべることが好きです。中高生たちは自分からあまり話さない、と思われがちですが、同世代同士ですと長時間話しています。

彼らの中には、教会や家庭の問題に直面している子もいます。クリスチャンホームの子は家族単位で教会に行くことが多いでしょう。ですから、教会内で自分の家の話を自由には言えません。しかしキャンプでは、ここでしか会わない友だちなので、話した内容が親や牧師、教会の人にも知られないし、二度と会わないかもしれないカウンセラーだから、ふだん言えない家の問題や悩みを安心して話すことができるのだと思います。

語り合いのときに自分の家庭の悩みなどを打ち明けると、「じつは自分もそうなんだ」と分かち合えることもあります。

◆造られた自然を感じる

普段コンクリートの都会の中にいる子たちを自然の中へと導くことができるのも、キャンプの醍醐味です。地面に座ったり裸足で歩いたり、自然豊かなキャンプ場での経験は貴重です。

hi-b.a. のキャンプ場は、千葉県の九十九里浜にあります。ゆったりとした自然の中で、海に行き、夜、星を見ながら海岸沿いを歩き、水平線から朝日が昇ってくるのを見ます。神さまがこの大自然を造られた、そして私もこの世界の一部なんだ、と創造主である神を意識することができるのです。

現代人は、神さまが自然の存在からも語られるということを忘れがちなのではないでしょうか。

以前、勤めていた松原湖のキャンプ場の夜の集会は、屋外の真っ暗な中、ランプの光だけの会場で行われました。伴奏は生ギターで、アンプもプロジェクターも使いませんが、それで十分でした。運営側は、見せ方などいろいろ考えてしまいがちですが、神さまを感じるには、素朴でシンプルなやり方が一番なのでは、と思わされました。

最近、どのキャンプも人が集まりにくくなっているようです。お金もかかるし、みんな忙しいからでしょう。そのような人たちのために、日帰りできる都会の近くで行うキャンプがありますが、こんな時代だからこそ、やはり自然豊かなところでのキャンプがいいと思うのです。

キャンプ場は遠く、移動も大変ですが、電波状況が悪くて携帯が使えないような場所のほうが集中できます。

◆伝道にもチャレンジ

キャンプは学校の友だちを誘う、ということから始まり、個人伝道や音楽伝道など、いろいろな伝道のスタイルを高校生が短期間で試すことができる機会です。

普段よりは時間を気にせずゆっくり個人伝道できるでしょう。

「今日、あの子に自分が話したから、次はあなたが話をしてくれないか」など高校生同士で相談している様子を見ることもあります。

自分が誘った友だちが目の前で救われていくという経験をすることもあります。

ふだんの生活では福音を語ることが難しくても、キャンプではだれにもとがめられず、むしろみんながそれを応援してくれるといった状況の中、体験できるのです。

昼間は体を動かして遊んで仲良くなり、賛美で心がほぐされ、みことばが語られたあと個人伝道できる、という良い流れもキャンプならではのものです。未信者に福音を語るのははじめて、という子もいて、「やってみたけれど、うまくいかなかった」ということも良い経験の一つです。

◆人との交流

現代の高校生は、過度に自分のプライベートな部分が確立してしまっています。自分の好きな時間にご飯を食べ、お風呂に入り、寝るという子が多いようです。食べものの好き嫌いも許されてしまう子が大半です。

しかし、キャンプはその真逆です。何かと人と合わせないといけないし、お風呂の時間も決まっている、食事はみんなで同じものを食べます。集団生活が苦手な現代の子どもたちからキャンプが敬遠されている理由の一つです。

しかし、だからこそキャンプがいい、と私は思うのです。自分勝手に行動できないところで、我慢や譲歩、寛容な心をもって見守ることなどを学ぶことができます。またみことばに真摯に向き合うカウンセラー、先輩やスタッフなどから生活や姿勢を通じてい い影響を受けることもあります。

高校生の中には、「行けばいいというのはわかるけど、部活や受験があり、塾の先生に『そんなことをしてる場合ではないだろう』と説得されてしまう」、「お金がかかる」などで二の足を踏んでしまう子もいるでしょう。

しかしクリスチャンホームならば、なおのこと、親御さんはそこに投資してほしいと思うのです。教会も若い人たちをキャンプに送り込み、また経済的なサポートをしてくれたらと願います。

受験があるからといっても、キャンプ期間は長くても一週間です。勉強は行く前や帰ってからその時間を取り戻せばいいし、また自分へのご褒美として励みや息抜きにしたらいいのでは、と思っています。

◆神の働きを直に見る機会

キャンプでは、救われた魂を間近に見ることができます。神さまのみわざを直に見るのです。

何もできない自分を神さまが用いてくださった、という経験は、もっとささげたい、もっと奉仕したいという気持ちになっていくと思います。

キャンプはキャンパーのためにありますが、奉仕者にとっても非常に良い経験となります。

カウンセラー、キッチンスタッフなどキャンプの奉仕は、すべてのクリスチャンにおすすめです。人の魂が救われて変わっていく様子を目の前で見る機会は貴重です。

◆良い習慣を知る

hi-b.a. では高校生たちに、毎朝デボーションをしたあとに朝食をとることを勧めています。朝は忙しいのですが、一日の始まりに神さまとの時間をもつことで祝福を受け、楽しく充実した一日になるでしょう。

これら日常のモデルをキャンプ生活を通して指導できます。しかし、キャンプ中は朝のデボーションができても、家に戻ってから継続することは難しいものです。ここで家族のバックアップがあると、たいへん助けになります。「朝、デボーションした?」と聞いてあげるだけでもいいと思います。

デボーションのためには少し早く寝る習慣が必要です。たとえば夜、携帯を見ている時間を早めに切り上げる、勉強もここまでと決めて寝るようにします。

何を一番にするか、優先順位を決めないと、なかなかデボーションはできません。夜、「明日デボーションのために起きられますように」とお祈りし、目覚ましをかけて寝る、という習慣が大事です。

◆キャンプの課題・帰ってからのケア

見落としがちなことなのですが、キャンプ最終日の過ごし方は意外に重要です。最後の夜だからと夜更かしさせるキャンプもありますが、hi-b.a. ではいつもと同じように早く寝るようにしています。

最終日の夜更かしは楽しいかもしれませんが、男女の話や中身のない話になりがちで、せっかく得た恵みをサタンに全部もって行かれてしまうこともあります。

最終日にあまり寝ていないため、疲れて家に帰り、「どうだった？」と家族に聞かれても、「別に」などと不機嫌に答えてしまったりする子もいるでしょう。

また、キャンプが週末にかけてあると、翌日の日曜日、寝不足のため起きられず礼拝に遅刻し、教会の人たちから聞かれても「まあ、良かったです」くらいの報告で終わってしまうこともあるでしょう。

送り出してくれる親、教会に、何がどう良かったのか、ほんとうに分かち合うことができないと、キャンプの良さが伝わらず理解も得ることができません。

また、キャンプ中、朝のデボーションができていたのに、日曜に早速寝坊して、もうできない、ということもあり得ます。前日までのキャンプの良い習慣を帰ってからも続けるために、キャンプ最終日の過ごし方は大切なのです。

もし教会でキャンプを計画するときは、この点にも注意するとよいでしょう。

高校生たちがキャンプに参加し、気持ちが盛り上がっているのを、「キャンプに行ったときだけでしょ」とクールに見てしまうのではなく、温かく見守ってほしいと思います。

一過性のものととらえるのか、信仰の大きな流れの一つととらえるのか、教会の中でも励まし続けることが大事だと思います。時間が過ぎて、また信仰がダウンすることもあるかもしれませんが、そういうときはまたキャンプに行き、信仰を強くされる、ということを繰り返してもいいのです。大人でも浮き沈みはありますし、同じです。

奉仕者を育てることもキャンプの課題です。いま、キャンプの奉仕者を集めるのも一苦労です。いくら立派なキャンプ場があっても、中身を作っていく奉仕者がいなければ、いいキャンプにはなりません。

社会人の奉仕も大歓迎です。奉仕者の適正は、相手の話を聞いて神さまのほうに目を向かせてくれる人なら大丈夫です。そして、心の居場所が作れるかどうかです。不器用で何も話せないという人のほうが、むしろ向いているのではと思います。また、年齢も関係ありません。年が上でも話を聞ける人なら安心感があります。

基本、牧師の推薦があればhi-b.a.のキャンプには参加できます。奉仕がまったくはじめての場合は、ヘルパーなどまず裏方で参加してもらい、次回からカウンセラーなどの奉仕をお願いししています。

大人からの影響は大きいものがあります。大人が変われば子どもも変わります。私はむしろ大人にキャンプが必要なのでは？　と思います。

一概には言えませんが、キャンプで育った人は将来献身者になるケースが多いように思います。また、クリスチャンがキャンプを経験していないと、その良さを知らないため、子どもや教会員にキャンプや奉仕をすすめないのではと思います。

ぜひ子どもたちや教会員を送り出してください。参加した子、キャンプリーダーやカウンセラーを経験した人たちが、大きく成長して帰ってくる姿を見ることができると思います。

（中村スタッフ）

Oさん（高校生）

クリスチャンホームで、hi-b.a.は高校一年生のときから通っています。学校の友だちが集会に行っていたので、何だろうと思って行ってみました。

はじめは人が多くて緊張してたけど、賛美が印象的で迫力がありました。そんな賛美ははじめてでした。

高校一年の冬のキャンプ、二年の夏のキャンプに参加しました。夏キャンプは五日間で長いから、いろんな人たちと仲良くなれて、特に語り合いの時間が好きでした。自分だけが考えていると思っていたことでも、他の人もそうなんだと思って安心しました。

学校の友だちといっしょにとそのキャンプに行ったのですが、その子と「うちの学校はミッションスクールだけどクリスチャンが少ないから、私たちが証ししないといけないね。私たちだけ天国行くのはやだなあ」と涙しながら話しました。

夏キャンプのナイトハイクも楽しかったです。夜中に起きて星を見あげて海辺を歩きながら話し、着いたら日の出を見ながらデボーションするのです。

福音の夕べ、賛美、語り合いなどで信仰のステップが上がった感があります。お話がわかりやすくて、たとえもわかりやすかった。元幼稚園教諭のスタッフが、赤ちゃんが神さまに頼る姿を私たちに置き換えて話してくれたりしました。

キャンプの分級では、家族の話が印象的でした。いまの家族についての話かと思っていたら未来の家族の話でした。自分が作る家庭はどんなものがいいか、などを考える時になりました。クリスチャンホームを築く大切さは、いますぐ考えることじゃないと思っていたけど、考えておいてもいいのだと思いました。クリスチャンホームができるとクリスチャンが増えていくんだ、ということにも気づきました。

私は中学一年生で洗礼を受け、そのあと大きく自分が変わった感じもなく過ごしていました。高校生になってから礼拝でお話を聞きたいと思うようになりました。「選ばれているものだから伝えていかなきゃ」と考えるようになったのです。

集会でも伝道のことを学ぶ機会があって、私は直接牧師になるとは考えていませんが、子どもたちの中に小さいころから神さまの存在があったらいいなあと思っています。小さいときの記憶っていつまでも残りますから。

これから受験だから友だちも誘いにくいけど、仲のいい子が洗礼の学びをしているので、時々キャンプにも誘おうと思います。

夏のキャンプは楽しいし、得るものがあります。自分を見つめる時間があって、信仰についてや、何か心にひっかかっていたものも、「これが自分のもやもやだったのか」と発見できるのです。

私は人の目を気にすることがありますが、夏のキャンプのときに、絵本『たいせつなきみ』の話をスタッフとしました。人からどう見られているかばかりを気にしていた主人公の小人が、人の目は気にしないという小人と友だちになります。そしてその小人に教えられて、自分たちを作った彫刻家のところに通いだす話です。これは、小人が私たち人間で、彫刻家が神さまのことを指している絵本です。

私も急にはできないけれど、毎日神さまのところに行けば人の評価を気にしなくなるかもと思えました。それでデボーションしたり、お祈りしたりしています。

Rくん（大学生）

高校がミッションスクールだったのでクラスにクリスチャンの友人がいて、集会に誘われたのがきっかけでhi-b.a.に行くようになりました。

学校でも聖書の時間は好きで、メッセージなどももっと聞きたいなと思っていました。大学に入って洗礼を受けたいと親に相談しましたが、二十五歳くらいまでは待ちなさい、と言われています。両親はぼくの信仰を一時的なものだと思っていたようです。教会に行くな、ということは言われていません。もう少し待ってみようと思います。

ＯＢになったいまは、サポートチームとして集会のセッティングやチラシを用意したりして手伝っています。キャンプなどでも裏方の奉仕が好きなのですが、カウンセラーとして参加し続けています。自分はカウンセラーというタイプではないと思ってました。はじめてカウンセラーで参加するときは、前もってトレーニングキャンプという奉仕者のための学びを受けました。そのなかで、ぼくは良いカウンセラーの真逆だということに気づきました。ふだん、人の話を聞いても「あ、そう」と終わってしまっていたのです。

はじめてのカウンセラー奉仕のときはキャンプ中ずっと気が張っていて、終わったら号泣してしまいました。支えてくださった神さまと高校生への感謝の気持ちでいっぱいになってしまったのです。

その後、回を重ねるごとにカウンセラーとして気をつけているのは、自分が話さないこと、沈黙を恐れないこと、です。沈黙は相手が考えをまとめているときでもあるから、待つ、と学びでも教わりました。

ほかにもトレーニングキャンプでは毎回どういうことを学びたいか、知りたいか、自分たちで意見を出し合います。カウンセラーのやり方や姿勢を支えてくれているのがこの学びです。

いままであまり気にしてなかったことも、自分で勝手に解釈してしまってたことも、高校生に具体的にいろいろと聞くようになりました。それを踏まえて高校生が答えやすいように聞き方のハードルを下げたりするようにしています。

いまぼくは就職についていろいろ考えているところです。ほんとうはテレビ局の総務など面白そうなこととの手伝いがしたいと思っていましたが、テレビ局などは日曜日にも仕事が入りそうです。ぼくにとっての仕事の条件は、日曜休みが絶対条件です。以前、キャンプのメッセージで、「グレーは白じゃない、白を選びなさい」と聞きました。

この話のように、仕事が面白そうだからと日曜休みという条件を曲げて、グレーなまま会社に入ったとしても、あとできっと後悔するだろうと思っています。だから、そこは曲げたくないところです。

番外編　しゃべり場

○月×日、渋谷 hi-b.a. センターでしゃべり場が開かれました。お題は「福音伝道についてどう考えるか」。みんな来るかな、と楽しみにしていたのに、当日は台風が来ていて大荒れの天気。「来ないかもね……」とスタッフ一同なかばあきらめていたにもかかわらず、女子六人、男子四人が集まってくれました。

はじめに、スタッフから「福音をどう伝えるか」についてのメッセージ。「救われたのはいつか、どのようにして伝えてもらったかは人それぞれ。でもだれかが自分に伝えてくれたから知ることができたんですよね。もしだれも伝えなかったら、いまの自分はどうなっていたでしょう。

なぜ私たちは伝える必要があるんでしょう。それは、すばらしい福音というプレゼントをもらったから、他の人にも伝えたい、伝えられた自分が今度は伝えたいと思うわけです。そしてそのことによって神からの喜び、平安をいただけるからです。

ローマ人への手紙一〇章一四節にはこうあります。

『信じたことのない方を、どうして呼び求めることができるでしょう。聞いたことのない方を、どうして信じることができるでしょう。宣べ伝える人がなくて、どうして聞くことができるでしょう。』

何を聞いて何を信じるか、イエスさま以外に救いはありません。そのことを宣べ伝える人がいなくて、どうして聞くことができるでしょう。

私たちは聞くチャンスが与えられました。でも、そのチャンスを与えられていない人がまだまだ大勢います。神は何でもできる方なので、一瞬にしてすべての人を救うことも、逆に滅ぼすこともできるのですが、私たちに福音を伝えることを託してくださいました。

『みことばを宣べ伝えなさい。時が良くても悪くてもしっかりやりなさい。』
（Ⅱテモテ四・二）

みことばを聞かない、喜ばない人もいるからです。」

＊　＊　＊

――いまのメッセージの感想＆福音ってなんだろう？

愛を伝えないといけないけど、「さばき」や「罪」のことも言わないといけないと思ったな。一般的に言われる男女の愛と、神さまの愛は違うことも説明しないといけないよね。

自分がわかってないと伝えられないよね。聖書の正しい知識がないと。でも自分の知識じゃなくて、神さまからの力を求めないと伝えることもできないと思う。

神さまという本質を伝えるの難しいなあ。けっこうみんな罪より愛の話を好むよね。自分に罪があるなんて聞きたくないでしょ、きっと。だけど罪がわかれば愛の違いもわかる気がする。

今日のメッセージで思ったけど、愛を伝えるだけでなく、罪があり、さばきがあるってことは大事なメッセージだと思わされたな。

以前、友だちにさばきのことを言いすぎちゃって、失敗しちゃった。極端にさばきのことばっかり言うのもだめだよね。相手につっぱねられちゃった。悔い改めは必要だけど、神の愛も教えないと。

聖書全体からバランスよく語る必要があるね。あなたを愛し赦してくださるから悔い改めるんだって。

さばきがある、って言いにくいよね。だけどさ、そのさばきから救うためにイエスさまが死なれたんだから、やっぱりちゃんと言う必要があるじゃない？　それに、死なれたけどよみがえられたことも言わないと。死に打ち勝って、その恵みで永遠の命が与えられるんだから。ここまでが福音だと思う。

学校の授業で、紀元前と紀元後の境はキリストの誕生、という話があったんだけど、その先生が「キリストがいたのは事実だけど、よみがえりは伝説です」とか言っちゃって。

悲しくなった？

うん。みんなそれを事実として受け入れてしまうんだなあって。

宣べ伝えよと言われてるけど、自分たちがみことばに養われていないと説明できないと思うの。ディズニーランドに行ったことがない人がいくら「楽しいよ」と言っても説得力がないでしょ？　分かち合うものがないと分かち合えないと思うから、みことばを喜んで分かち合いたいと思う。「しっかりやりなさい」という聖書の言葉は重たいけど、間違っていることを教えている先生がいたらスルーしないで、先生に「間違っている」って言えたらいいな。間違ったことを教えられてる人たちがいるって、悲しいもん。しっかりやりたいと思った。

「創世記」の内容って、ノンクリスチャンが聞いてどう思うんだろう。この世の始まりや罪が入ったとか救われるとか、わかりにくい気がする。福音って聖書全部を指すのかな？

聖書は、ほんとうは二章までで終わりだったんだよ。罪が入らなければね。神さまがすばらしい世界を創って、そこでみんなで幸せに暮らしていた。でも人が罪を犯したから、聖書は「黙示録」まで続いたんだ。ぼくは「創世記」の罪を犯したところから、イエスさまによって赦された「黙示録」まですべてが福音だと思うな。

私は、ノンクリスチャンの人が興味をもちやすいのは、「創世記」と「黙示録」だと思う。イエスさまを信じた人たちの話はあんまり興味ないんじゃないかなって。伝えるのは難しいと思う。一番重要なところは、罪が赦されて救われることだけど、罪があることがわからない人がたくさんいると思う。

「黙示録」は比喩が多くて、クリスチャンでも理解しにくくて説明が大変だよね。でも、だからこそ大切なことが書いてあるんだろうなと思うな。いまわからなくても、学んでおく必要があるんだよね。でも、自分の力で理解できるものじゃなく、神さまが私たちに働いて理解させてくれるんだと思う。わからないからダメとかじゃなくて、わからなかったら牧師とかに聞けばいいんだよね。

何がグッドニュース（福音）なんだろう。いま生かされていることが福音なのか

なとも思うな。神さまは一気に救ったり滅ぼしたりできるはずなのに、救われる価値のない者が生かされているって福音かなあと思うんだよね。

――何から具体的に伝えていけばいいか？　気をつける点は？

中学のとき、無神論者の子がいたんだけど、その子の神って自分なんだって。そのときは何にも言えなくなっちゃった。

私もそういうのあったよ。「別に私滅びてもいい。いまが楽しいならいいの」って言われた。

わかんないけど、クリスチャンの姿が楽しそうに見えないんじゃないのかな。相手に伝わっていないのかも。クリスチャンに魅力がない、キリストの香りを伝えるように歩んでないとか。そうだとしたら、クリスチャンの責任だと思う。

うーん……。

まず、神さまがぼくを愛してくれている、というところから伝えたらどうかな。

以前、さばきとか復活について話したけど、よくわかんないって言われた。

どういう状況で話すかにもよると思うよ。

友だちを教会に誘って、メッセージの中で語られたことを、そのあともう一回話すとかね。

ひとつ後悔してることがあるんだけど、しつこい勧誘みたいになってしまって、そのあと、その友だちから避けられるようになってしまった。

教会のイメージってどんな？　って友だちに聞いたら、みんなでずっと聖書読んでるとか、悔い改めとか暗いイメージがあるみたい。

ぼくは「わたしの目にはあなたは高価で尊い」という言葉を伝えたい。伝えるまではぼくに託されているメッセージだと思う。話すことや意思をもつことも神さまから出てるから、何らかのアクションを起こさなければと思っている。その子に合わせるけど、神の愛から伝えたいな。戒めるところは戒め、やさしく接するときはやさしくする。長い話は聞きたくないと思うし、その子が興味をもってるとこや疑

問に感じていることを、必要に応じて語ったらいいんじゃないかな。でもやっぱりぼくは愛から言いたいけど。

聖書をかばんに入れていたら、友だちが「見せて」といって読みはじめたことがある。その子は最近、聖書を読んでみたいらしい。

へえ、新約聖書ならあげられるよね。その子、hi-b.a. に来ないかな。

——自分たちで何を備えておくか、hi-b.a.の中で個人的に何をするべきか。

キリストの手足として用いてほしいと思うな。hi-b.a. に遣わされているという事実があるし。そのためには、みことばにいつも養われていないと。デボーションが大事なんだろうな。

ヨハネの福音書八章一節を読んで、デボーションの大事さを思う。イエスさまは人気のないオリーブ山に行かれたとあるし。

イエスさまも父なる神との関係を深めていった。イエスさまでさえ、デボーションをして働きに出られたのだから、人間であるぼくはなおのことデボーションの必要があると思う。人に伝えるときも、みことばが必要になるし。祈りも必要。

賛美するのもいいんじゃないかな。賛美すると喜びに満たされる。はじめて集会に参加する人を迎えるとき、ぼくらが喜びに満たされていて、それが相手にも伝わるといいな。

みことばを読んで祈って賛美するのをひとりでやるのも大切。でも、週に一回教会に行って、同じ信仰の友たちと励まし合って出て行くのも大切。hi-b.a. という場所も大切。みんなとシェアできるのは大事だよね。

日々愛を求めていくのも大切だと思うよ。コリント人への手紙第一、一三章一三節を見ると、一番優れているのは愛だと書いてある。自慢せず傲慢にならず愛を追い求めていくと、人をさばくことをせずに整えられていくと思う。

おわりに

「hi-b.a. がセミナーなどで教会に呼ばれると、『若い人たちとどう接したらいいのかわからない』『若い人が何を考えているのかわからない』『教会に若い人がいない』と悩んでおられる方が大勢いることがわかります」と hi-b.a. 代表の川口竜太郎さんからうかがったのは、二年年くらい前のことでした。

それでは、ふだん高校生と接している hi-b.a. がもっている情報を本にして、参考にしてもらったらどうだろう——そんなふうにこの本の構想が始まりました。

以来、川口さんを中心としたスタッフたちにインタビューを重ね、ようやくまとめることができました。

お話を聞いていると，現代の人たち、とりわけ若い世代を取り巻く社会や家庭がいかに荒れているのかがわかりました。そして、その子たちの居場所があればどんなにいいだろう、と思わされていきました。

若い人は何を考えているのかわからない、とひるまずに、まずは近づいて話を聞いてみる。そうすれば、だんだんその子たちが身近になっていくのではないでしょうか。この本を読んだ一人ひとりが、その子たちの居場所になってくださることを期待したいと思います。

多忙な中、根気づよくお話ししてくださったhi-b.a. スタッフ方に、またお話を聞かせてくれた高校生、hi-b.a. 卒業生のみなさんに感謝いたします。ありがとうございました。

この本が若者の伝道に関わるすべての方たちの参考になりますよう、願っています。

二〇一五年　八月

中尾祐子

中尾　祐子（なかお・ゆうこ）

東京生まれ。業界新聞社の記者として勤務後フリーランスに。環境問題を扱う雑誌や新聞、書籍の執筆・編集に携わる。

著書に『終わらないフクシマ』、共著に『そのとき、被災障害者は…』（以上、いのちのことば社）がある。

日本長老教会杉並教会員。

高校生聖書伝道協会（hi-b.a.）

hi-b.a.は、high school born againersの略。

現在、渋谷のhi-b.a.センターを中心に、関東・関西・東海、国際の高校生のために数々の活動を展開。

【お問い合わせ】
〒150-0002　東京都渋谷区渋谷2-22-16
Tel: 03-3409-5072　Fax: 03-3409-5076
URL　http://www.hi-b.a.com/

聖書 新改訳 © 1970,1978,2003 新日本聖書刊行会

高校生の「居場所」のつくり方

2015年９月５日　発行
2015年12月20日　再刷

著　者　中尾祐子
監　修　hi-b.a.（高校生聖書伝道協会）
印刷製本　シナノ印刷株式会社
発　行　いのちのことば社
〒164-0001 東京都中野区中野2-1-5
電話 03-5341-6922（編集）
03-5341-6920（営業）
FAX03-5341-6921
e-mail:support@wlpm.or.jp
http://www.wlpm.or.jp/

© Yuko Nakao 2015　Printed in Japan
乱丁落丁はお取り替えします
ISBN 978-4-264-03437-7